深度阅读

浅阅读时代，
如何让你的阅读更有价值

徐捷◎著

IN
-
DEPTH
READING

中国商业出版社

图书在版编目（CIP）数据

深度阅读 / 徐捷著 . -- 北京：中国商业出版社，2019.12
ISBN 978-7-5208-1008-1

Ⅰ.①深… Ⅱ.①徐… Ⅲ.①读书方法 Ⅳ.① G792

中国版本图书馆 CIP 数据核字 (2019) 第 270341 号

责任编辑：张新壮　张盈

中国商业出版社出版发行
010-63180647　www.c-cbook.com
（100053　北京广安门内报国寺 1 号）
新华书店经销
北京富泰印刷有限责任公司印刷

*

880 毫米 ×1230 毫米　32 开　9 印张　200 千字
2020 年 3 月第 1 版　2020 年 3 月第 1 次印刷
定价：45.00 元

****

（如有印装质量问题可更换）

前言
PREFACE

阅读影响人生，深度阅读改变人生

不知从什么时候开始，"读书无用论"甚嚣尘上。那些没怎么读过书却抢占先机出头的人，常常会鄙视读书多但依然无所成就的人。只看当下，这种鄙视让人无语；若放眼长久，这样做就非常浅薄了。那些在成功道路上走得最稳最久的，一定是胸有韬略、心有洞天的读书人。

这里的"读书无用论"的"书"是有局限性的，仍在教育领域。其实，跨出教育阶段，读书应该贯穿于一个人的一生。阅读不应该是一时一地的行为，也不应该是带有功利性的行为，阅读应该是发自内心的一种"活到老，学到老"的淡然状态。

当然，阅读并不是拿起一本书读完这样简单，这是对阅读较为浅显的理解。阅读的精髓在于"阅"字，是一种用心的审看，带着自己的情感，形成自己的理解，最后将"阅"到的知识融汇于心，提炼成自己的知识体系，再发散出来，形成自己的行事风格，体现自己的人生价值。只有这样阅读才能真正发现并了解一本书的精华，我们将这样的阅读称为"深度阅读"。相对于"浅度阅读"，深度阅读才应该是正确的、必要的、常态化的阅读方式。

为什么一定要强调深度阅读呢？相对于浅度阅读，深度阅读有着怎样的优势？

所谓浅度阅读，其实就是常规阅读。拿起一本书，我们读到了书中的内容，或许全都记住了，或许记住了一部分。总之，书是不会白读的，总会对我们产生一定的影响，比如理解问题的角度、对待问题的心态、处理问题的方式，这些汇聚起来最终会影响我们的人生。可以说，常规阅读对我们的人生能起到影响的作用，却无法加以真正的改变，而深度阅读却可以从根本上改变一个人的人生。

对于这一点，不要心存怀疑，因为我们所有的知识都来自书籍无私的传授。个体间的差异，书不是原罪，而是由我们从书籍上汲取到养分的质与量的差异来决定的。深度阅读使我们对书籍形成"掠夺式搜刮"，书中的每一份营养物质都会流进我们的大脑，形成我们的知识体系，最终成为我们的常规能力。当这样的能力越聚越多时，就会发现原来我们早已在不知不觉中被改变了——眼界越发高远，实力越发强大，未来越发光明。

如果你于象牙塔中凌云万丈，如果你在格子间内心有不甘，如果你踌躇满志却缺少方向，如果你小有成绩但心怀忐忑，如果你大有所成仍志在千里，如果你年过不惑还梦想逆势崛起……这样的你，一定要走进书籍的世界，因为书里有你需要的一切。

第 1 章　定义：会读书"重启"大脑和心灵

> 大脑越用越灵活，而书籍中有取之不尽的知识、用之不竭的学问，如果渴望让知识和学问填充你的大脑，唯一的方法就是阅读，这也是"重启"大脑和心灵的最好方式。

1.1　阅读：拉开人生档位高低的主因 …………… 2

1.2　脱离意识形态中的"轻松"与"浅显" …………… 5

1.3　一本书就能打开未知的领域 …………… 9

1.4　汇聚心理能量，增强心理抵抗力 …………… 12

1.5　借"知识图谱"阻挡内心迷失 …………… 17

1.6　用阅读检索出与你同频的人 …………… 21

第 ❷ 章　选书：优质的书读出优质的人生

好书就是一盏明灯，在黑暗中为你指明方向；好书就是一位老师，引导你走上正确的人生道路；好书就是一份精神食粮，给你勇气，给你力量。

2.1　好书的条件 …………………………………… 28
2.2　专家选书：借助牛人的眼睛锁定最该读的书 …… 32
2.3　高分选书："书评"只是参考，却是很好的参考　36
2.4　角色选书：你是谁，你最需要阅读什么书 ……… 41
2.5　口碑选书：从必读的书单中一一打勾 ………… 46
2.6　沉淀选书：时间会检验书的"成色" ………… 51
2.7　同类选书：从一本书下手，顺藤摸瓜找"下一本"　53

第 ❸ 章　清障：怎样变成阅读体质

当你发现自己在阅读方面有困难时，一定是有某些障碍在阻挡你去阅读。这时，你应该尽快找到这些障碍，并且想办法清除掉，让自己从无法阅读的体质转变为习惯阅读的体质。

3.1　为什么刚读几页就"走神"了 ……………… 58
3.2　有意识地设定"读书时间" ………………… 62

3.3 对阅读材料进行分类 …………………………… 66
3.4 "游牧阅读":在适合的环境里读合适的书 …… 75
3.5 用"左手慢动作"和"右手慢动作"提高阅读速度 78
3.6 从名人的"薄书"开始读起 …………………… 82

第❹章 基础:用最短的时间认识一本书

阅读一本书,可以分为认识、了解、分析、融汇等数个过程。无论最终对书理解到怎样的程度,最初都是由认识一本书开始的。将书初步通读一遍,等于与书建立了一面之缘,这是深度阅读过程中的基础阅读。

4.1 区分高效阅读与低效阅读的指标清单 ………… 86
4.2 略读,快速确定书的可读性 …………………… 88
4.3 设定阅读目的,提升阅读理解力 ……………… 92
4.4 每日练习"千字文"快速阅读法 ……………… 95
4.5 搜集更多背景知识 ……………………………… 99
4.6 半小时就能掌握的"共振阅读法" …………… 103
4.7 手部姿态助力阅读提速 ………………………… 108

第❺章 检视：阅读找重点，重点去阅读

在基础阅读之后，就是检视阅读，这是深度阅读非常关键的一步，也是决定深度阅读质量的一步。能否检视出书中重点，能否对重点进行正确阅读，能否在重点阅读的基础上再次找到重点，是本章要解决的问题。

5.1 有系统地切换精读与泛读 …………………… 116
5.2 扩展你的"视距金字塔" …………………… 121
5.3 通过目录阅读，进行精准定位 …………………… 128
5.4 快速锁定关键词的"视线摇摆法" …………………… 131
5.5 "逐字阅读"与"闪词阅读" …………………… 135
5.6 只一部分细读的"40/60 阅读法" …………………… 141

第❻章 分析：调动所知线索更好地分析

通过基础阅读对书有了认识，通过检视阅读对书有了更深刻的理解，这样才可以对书进行从"皮肉"到"筋骨"的全面分析，这是真正理解一本书的开始。

6.1 分析"筋骨"，分析"血肉"，做出评价 ……… 144
6.2 不再被动接受作者的观点 …………………… 149
6.3 带着问题去阅读 …………………… 152

6.4 改变阅读立场，能理解得更到位 ·············· 156

6.5 "地图阅读法"：快速处理难懂的内容 ·········· 161

6.6 建立有价值的领读会 ····················· 165

第❼章 主题：将多本书相互关联起来阅读

仅仅了解一本书并不是阅读的目的，而是要通过深度阅读进入相关领域内去全面学习。所以，由深度阅读一本书开始，以严谨的方式去阅读相关书籍，才能更快速、更系统地将该领域的知识纳入自己的知识体系内。

7.1 始终将主题排在第一位 ··················· 170

7.2 "安定剂阅读"和"兴奋剂阅读" ············· 173

7.3 垂直阅读 + 水平阅读 ···················· 177

7.4 "头脑风暴读书法"：给阅读添加持续的能量 ····· 185

7.5 系统化写出完整论点 ····················· 188

第❽章 笔记：积累属于自己的经验

人的记忆力是有限的，如果想在读完每一本书后都有满满的收获，就需要有技巧地做读书笔记，并持之以恒养成长期做笔记的习惯。

8.1 只要坚持，一定会有效 …………………… 196

8.2 专注于对自己很重要的事情 …………………… 200

8.3 将笔记本"一元化" …………………… 203

8.4 做记号的三个步骤 …………………… 209

8.5 "葱鲔火锅式"读书笔记法 …………………… 212

8.6 通过摘抄促进对书的消化 …………………… 216

8.7 思维导图：将一本书浓缩到一张纸上 …………………… 219

第❾章 复盘：只摄取书中 4% 的精髓

一本书在读了 N 遍并做了大量的笔记之后，下一步怎么做？通常书会被束之高阁，甚至被弃之不顾，但懂得阅读价值的读者会选择复盘回顾，将书籍内容在大脑中再发酵，继续放大阅读价值。

9.1 用批判性思维进行复盘 …………………… 224

9.2 区分事实与观点 …………………… 227

9.3 通过重读笔记提升自我 …………………… 230

9.4 自问—自思—自答 …………………… 235

9.5 通过重读为思想增色 …………………… 239

第 10 章 输出：把读到的知识转化成能力

学到了知识，不是为了存储，而是要以自身能量的形式加以输出。阅读的终极目的是运用，借此提升自身价值。

10.1 输出从"讲出来"开始 …………………… 244

10.2 通过"RIA"将书拆为己用 …………………… 247

10.3 将笔记中的重点与生活现状相结合 …………………… 250

10.4 根据从书中获得的想法，制订行动计划 …………… 253

10.5 用书中的知识弥补行动与目标间的差距 ………… 255

附 录 各类书籍的阅读方法

1 故事书：无视障碍，不间断阅读 …………………… 260

2 侦探小说：带着破案的心态缜密分析 …………………… 262

3 历史著作：抱着怀疑的态度去阅读 …………………… 263

4 自传和传记：用借鉴的心态去阅读 …………………… 264

5 社科书：重点思考其中的问题 …………………… 266

6 哲学书：用回归生活的视觉反复阅读 …………………… 267

7 史诗和戏剧：借助想象力去阅读 …………………… 268

8 抒情作品：声情并茂地朗读 …………………… 269

9 商业书：试一试"黑体字读书法" …………………… 271

10 专业书：以研究的心态去阅读 …………………… 272

第 1 章

定义
会读书『重启』大脑和心灵

大脑越用越灵活，
而书籍中有取之不尽的知识、
用之不竭的学问，
如果渴望让知识和学问填充你的大脑，
唯一的方法就是阅读，
这也是"重启"大脑和心灵的
最好方式。

1.1

阅读：拉开人生档位高低的主因

你说你的脑袋好像生锈了。

你说你的大脑从来不给力。

你说你不再年轻了，没有了聪明的头脑。

你说你仿佛没有了灵魂一般苟且地活着。

…………

我说我的大脑从不会生锈，过去不会，现在不会，将来也不会！

我说我的大脑就是我的底气，是我驰骋人世江湖的绝对王牌！

我说我从没觉得自己不再年轻，因为我的大脑中长期住着一只奔跑的兔子！

我说我一直都在按照我梦想中的样子活着，我活得诗情画意，活得酣畅淋漓！

…………

这一切的差异,不是原生的你与我的不同,而是后天的你与我面对人生的态度的不同(见图1-1)。你从未认识到读书能给你的人生带来什么变化,我很幸运,更早地发现了书籍的价值。于是,我一头扎进书籍的海洋,拼命吸吮里边的营养。

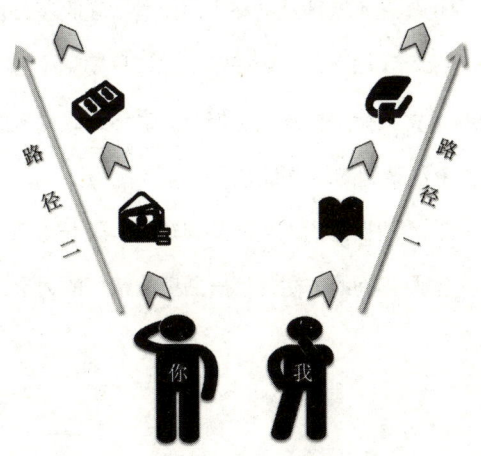

图1-1　后天形成的你与我的不同

这些营养让我陶醉,让我沉迷,让我无法自拔。它们对我太重要了,我舍不得丢下一丝一毫,我要全部吸取,还要吸取更多。

正因如此,我一直在进步着!进步着!前进的每一步,我都能清晰看到;成长的每一点,我都能切身感受到。

正因我受益匪浅,所以我深刻知道——

阅读,这个人类天生就具备的能力,这个被许多人忽视的能力,这个本该时刻抓紧却被无故放逐的能力,的的确确是拉开人生档位高低的主因。

当别人在抱怨自己的种种不幸时，我将所有的负面情绪化作阅读的欲望，在每一本书中寻找宽慰我的良药、启示我的箴言、托起我的力量。渐渐地这股正向的能量越来越强，我身体的每一个部位都感受到了，我拥有了这股能量，并逐渐会运用这股能量。

　　现在，我仍然在不断地从书籍中检索着、吸收着，目的就是继续壮大我的能量。我知道，只要书籍常在，只要阅读常随，能量就会长存，这将助力我持续拉高人生档位。最终，我的人生顶峰在哪里，将由我能够汇聚到的能量而定。

　　如果，你也希望自己的人生能持续走高，就开始阅读吧！拿起书，用上心，按照正确的方法，读出书里最精华的力量，开启人生最精彩的篇章。

1.2

脱离意识形态中的"轻松"与"浅显"

每个人都有自己的意识形态,形成独有的对事物的理解和认知。意识形态不是人脑中固有的,而是源于社会基础的存在。人的意识形态也不是层次和深度等同的,而是受思维能力、环境、信息、教育、价值取向等因素影响。也就是说,拥有不同的意识形态的不同人,对同一事物的理解和认知是不同的。

1.2.1 虚假的轻松与真实的浅显

有句话说:"当你放弃努力,立即会感觉生活轻松了。"

是什么原因让你觉得轻松了?不是生活本身,而是放弃努力之后的生理上的轻松,但这种轻松是虚假的,只要还有理性,只要还懂得思考,只要多少还在意将来,我敢说你为自己营造的"轻松之墙"转瞬就会崩塌。

其实,这种放弃努力之后所得的"轻松之感",与不阅读和不会阅读却自以为生活状态不错的"轻松"非常相似。现实中很多从不阅读的人,都貌似活得很轻松自在。他们觉得自己的生活中什么都不缺,如果你劝他们读书,他们会反问你:"为什么要读书?读书能读来钱吗?"看看吧!仅仅是这样的回答,就暴露了一个人的肤浅。

如果一个人希望借助阅读能直接获取某种利益,那就是大大曲解、甚至是糟蹋了阅读本身的意义。难道读完一本书,还希望这本书能给你带来多少直接经济收益?记住,你读的是书,不是读"芝麻开门"这几个字!收益不会立即到来,只有在日积月累之后才会不期而至(见图1-2)。

看书少或者不看书　　看书多或者常看书

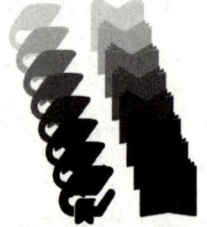

收益小或者无收益　　收益多也大

图1-2　阅读与收益

但很多人不懂这个道理,对于那些不能马上为其实现收益的事情,绝不愿意做,于是他们停留在了自己的轻松和浅显里。可见,虚假的轻松必然会引起真实的浅显,而真实的浅显又会加重虚假的轻松，这是一个恶性循环的过程。

阅读的本质是为了增强个人的内在修为，再通过内在修为影响外在行为，这是一个人意识形态全面提升的过程。

所以说，只有学会阅读，不断地阅读，认认真真地阅读，领悟那一本本好书里的每一个道理，才能远离虚假的轻松与真实的浅显。

1.2.2 阅读提升涵养，涵养决定思维高度

涵养这种东西真的很清高，花多少钱都买不来，必须要内在具备才可以。涵养是从什么方面体现出来的呢？即怎样的表现才说明具有涵养呢？

已知：意识形态是个体对事物独有的理解和认知，那么对事物的理解和认知的程度，就是一个人的涵养。

比如，很多人仅仅因为看到个别存在的没读过书却赚大钱的人，就妄下结论——"读书无用"，然后对其他正在读书或是热衷读书的人进行各种鄙视，这就是严重的缺乏涵养的表现。

经常与书为伴的人，懂得如何从书中摄取营养的人，明白任何现象的背后都有其特定的道理，明白什么叫社会责任和共性包容，能够更深程度地看到事物的本质。久而久之，就会产生一种与常人不同的气质，稳重却不呆板，沉着却不寡言，遇急难之事不自乱阵脚，逢不平之事不抱怨不公。当一个人的涵养提高了，其看问题的思维也会随之提高，会更理性地看待原本觉得"特殊"的事物，看到曾经看不到的好与坏两面性和灰色地带。

就像一位好友所说:"看多了文学书,在文学作品中见识到了太多不同的灵魂,在面对问题时,就会站在一个客观的角度去审视。"

1.2.3 经常阅读的人眼界更广

一个人能看到多远?能看到多大?能看到多少?

这三个问题的答案不取决于你的眼睛,而是由你的意识形态决定的。生理范围内,眼睛能看到的事物是有限的,就像你能看到对方穿的什么衣服,却看不出对方心里想什么;你能看到当下的经济形势,却预测不出未来的经济走势。但是,有的人就能看出对方的心思,就能预测到未来的经济走向(见图1-3)。

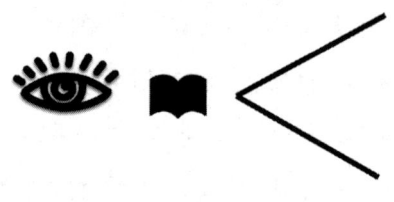

图 1-3 阅读与眼界

这些人的神奇源自阅读,通过不断积累,提升知识结构,让大脑与外界的对接越来越宽阔,最终反映到眼界上,就是无限的开阔。

记住:眼光越高远,视野越开阔;眼光越深邃,认识越理性。而这一切的基础是——深度阅读。

1.3 一本书就能打开未知的领域

如果知识是可以度量的,人类终其一生能掌握的知识量会达到多少呢?人类学家在研究阿尔伯特·爱因斯坦的大脑时曾做过预测,认为即使如爱因斯坦那样的超高智商加超强学习力的人,一生最多能掌握全部知识量的5%,绝对超不过这个标准。

此结论一出,立即引起轰动,也引发了争议。但喧嚣很快便停止了,因为越来越多的人意识到,即便是5%这样少的比例,对于人类来说也是奢望。虽然我们的知识摄入量不断增加,但随着自身所知的扩大,未知的领域也跟着扩大了。或许这句话不易理解,为什么所知越多,未知也越多呢?

如果我们将所知看成一个圆,随着自身所知的扩大,圆的面积随之扩大,从而圆的周长也增加了。而决定圆与外界接触的是周长,周长增加了,说明与外界未知领域的接触也扩大了(见图1-4)。

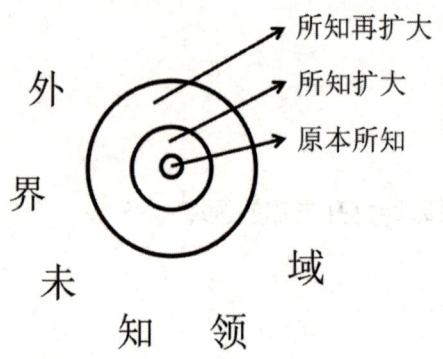

图1-4 自身所知的扩大与未知的扩大

正因为有着无限的外界未知领域,才需要我们不断地去了解、探索、求知。最好的方式就是阅读书籍,从书中了解外部世界。

如同世界上没有完全相同的两片叶子一样,世界上也没有完全相同的两本书(不是书写的内容不相同,而是表达的思想不相同)。即便是看起来很相似的书,所表达的思想也不相同,比如《理智与情感》和《阴谋与爱情》;哪怕是同一个人写的相同类型的书,所表达的思想仍然不会相同,比如同是儒勒·凡尔纳所写的《海底两万里》和《神秘岛》。

因此,每一本具有深度的好书,都可以帮我们打开一个未知的领域,并吸引我们在这个领域内继续开拓。

1.3.1 通过作者的眼睛窥视未知的世界

有人说:"当你拿起一本书的时候,你立刻走进一个不同的世界。如果那是一本好书,你便立刻接触到世界上一个非常健谈的人。"

读一本书，势必会与这本书的作者有所交集。就像我在读阿瑟·柯南·道尔写的《福尔摩斯探案集》时，就会想道尔当年是在一种怎样的情境下想到写一本当时还算十分另类的侦探小说。同样，我在看《斯泰尔斯庄园奇案》时，也会想阿加莎·克里斯蒂这样的女性为什么要去写侦探小说。

有了这样的疑问，就等于与作者建立了精神上的交流。通过阅读的深入，我们就会渐渐明白作者的想法和用意。当我们了解了作者之后，再一次"潜入"书中，就会更好地借助作者的眼睛去看那个我们并不了解的世界。

1.3.2 借助书中的内容穿越不同的世界

我们不可能了解自身所处世界之外的其他世界，因为这个世界并没有穿越的科技。但从古代罗列到现代的书籍，却能使我们的思想自由穿梭在各个时空中，忽而进入《三个火枪手》所在的法兰西王国，忽而走向《呼啸山庄》时大萧条的美国，忽而抵达《百年孤独》中的加勒比小镇……

一个古代的作家可以使读者了解一个久远的时代，一个当代的作家能够让读者更深入地理解当下的生活，一个本国的作家能够让读者对自己的国家认识更加深刻，一个外国的作家可以让读者从全新的角度了解并不熟悉的国度。

总之，只要拿起书本，一个人在一天的时间里总会有两三个小时"生活"在不同的世界里，甚至于完全忘记了现实环境。

1.4

汇聚心理能量，增强心理抵抗力

一个人的心理抵抗力到底有多强？这个问题没有恒定的答案。所谓心理抵抗力，通俗地说就是一个人的内心坚强值或者抗挫折指数。

如果将心理抵抗力的数值设定为10分满分，有人认为至少要达到8分才算够坚强，有人则认为到6分及格就行了，有人或许觉得4分就算不错了。总之，对这个数值的定义标准是因人而异的，没有统一标准。

但是，有一点可以肯定，心理抵抗力除了与先天性格有关外，也可以后天培养。这个培养的过程，可以是激发性的，也可以是绵延性的；可以是有意为之的，也可以是无意遭遇的（见图1-5）。

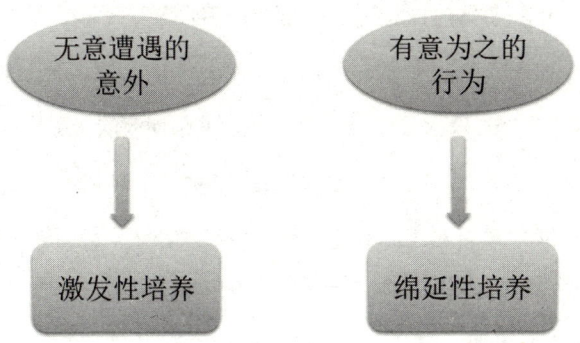

图 1-5 心理抵抗力的培养

上图所示是一种常规现象，激发性培养通常源自生活中突发的意外，虽然能对人的性格起到锻炼的作用，但代价总是很大，是人们所不愿意经历的。绵延性培养则完全不同，是出于一种对自己有益的主动性的行为，比如阅读，来培养自己的心理抵抗力。

我们不可能通过去经历所有的磨难来历练自己，却可以在别人的经历中获得启发。但是，一个人的周遭又能有多少人与事留待借鉴呢！仍需要通过更加简洁却有效的途径去锤炼自己，这个途径就是阅读。

阅读是终身要做的事，也是终身都会受益的事。不要指望读一本《老人与海》，坚强度就能"噌噌"往上蹿，也不要指望看了两遍《基督山伯爵》，忍耐力就会突然拔高。一个人的心理抵抗力的提升，必须要建立在内心世界全面提升的基础之上。就像建一幢高楼，坚持阅读就是夯实地基的过程，地基越稳固，上层建筑才能构筑得越高。

1.4.1 扩展内心世界，才能扩展处事心胸

心理抵抗力的强与弱，与个人心胸是否博大是分不开的。一个心胸宽广的人，是不会出现斤斤计较、情绪崩溃的状态的，而一个心胸狭窄的人，才会容不下他人的过错和生活中的挫折。

扩展心胸的前提是内心世界足够宏大，一个经得多见得广的人，绝对不会为了小事情耿耿于怀。如何拓展内心世界呢？一个非常有效的方法就是阅读，通过阅读各类书籍，打开视野，扩展心胸（见图1-6）。

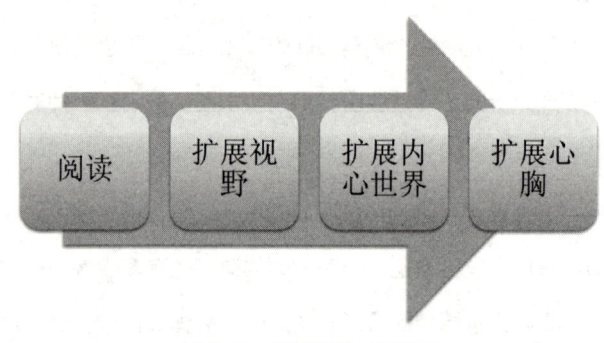

图 1-6　从阅读到心胸扩展

我们把一个不爱阅读的人和一个经常阅读的人进行比较，就会很容易明白这一点。养成了读书习惯的人，其内心世界是丰富多彩的，其内心是强大的。而不爱阅读、没有养成读书习惯的人，他们的生活是单一的、刻板的，因为他们只跟层次、见解、脾胃相投的人接触，只看见周遭发生的事情，受着眼前世界的禁锢。

1.4.2 不抱着"改进心智"的目的阅读

阅读的过程是充满乐趣的,因为自己喜欢阅读,明白阅读对人生的价值,于是积极地去阅读,并在阅读过程中收获充实和愉悦。这样阅读的目的与收益就成了良性循环的过程(见图1-7)。

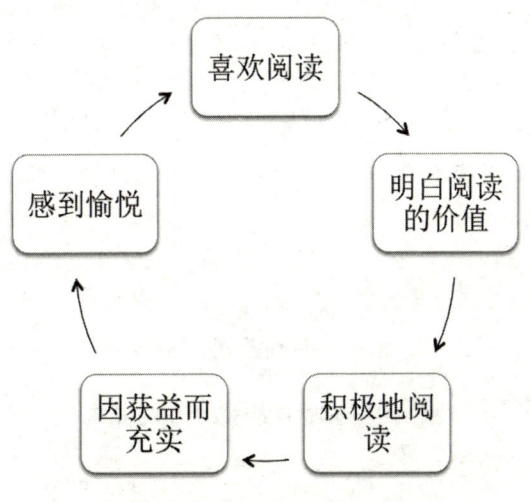

图 1-7　阅读的目的与收益的良性循环

但是,有些人阅读时的心情却不是愉快的,仿佛是一种折磨,一种痛苦,他们将阅读当成了"改进心智"的一种手段,他们很清楚阅读是好的,所以,从书中吸收养分来进行自我改变也一定是好的。但是,当一个人开始带着想要改进心智的目的阅读时,一切读书的乐趣便丧失殆尽了。很可能还会产生与阅读良性循环正好相反的阅读恶性循环。因为,抱着"改进心智"的想法去读书,如果读完了发现心智并未得到提升,好像白读了,在下一次阅读时,会更加急功近利地为着"改进心智"的目的阅读,最终导致阅读完全失去乐趣(见图1-8)。

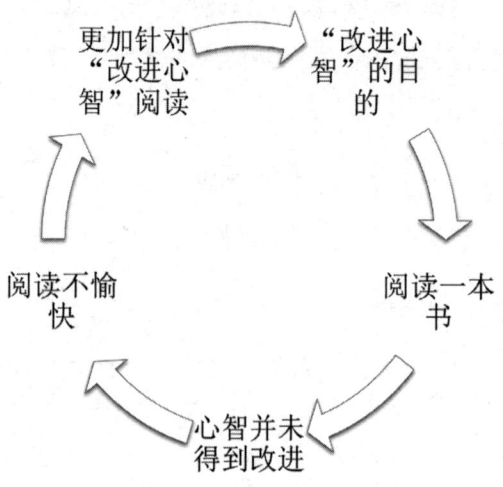

图 1-8　阅读的目的与收益的恶性循环

1.5 借"知识图谱"阻挡内心迷失

"知识图谱（Knowledge Graph）"是一个比较新兴的概念，由Google公司在2012年提出。当时主要是为了将传统的keyword-base（关键字库）搜索模型向基于语义的搜索升级，应用方主要集中在BAT（百度、阿里巴巴、腾讯）这类手握海量数据的企业。

看起来，这是一项针对企业的工具，并不适用于个人。但总有擅长融会贯通的人，能够将这类知识或工具进行"辐射"，让其在更多的领域发光发热。

还是Google公司，其搜索模型的一位负责人在日常阅读时突发奇想地将"知识图谱"融汇进来。他认为，既然"知识图谱"可以更好地协助计算机查询复杂的关联信息，那么人类阅读也会涉及很多复杂的信息，是不是也可以运用这种模式进行检索呢？这样就可以帮助阅读者更好地阅读。

关于"知识图谱"，可以把它理解成一张由知识点相互连接而成的语义网络。之所以要将知识进行这种图谱性设计，主要目的是为了方便提取，也就是给人以直观感。

这种知识的提取是为了在关键时期阻挡我们内心的迷茫。其实，人生经常会遭遇突如其来的迷茫，每当来临就好像病了一场，需要很久才能康复。为此，我们需要为迷茫找到一剂良药，让迷茫期能尽快过去。如今这剂良药找到了，就是运用"知识图谱"，将对症的每一味药（知识）提取出来，形成一个关键性的节点（见图1-9）。

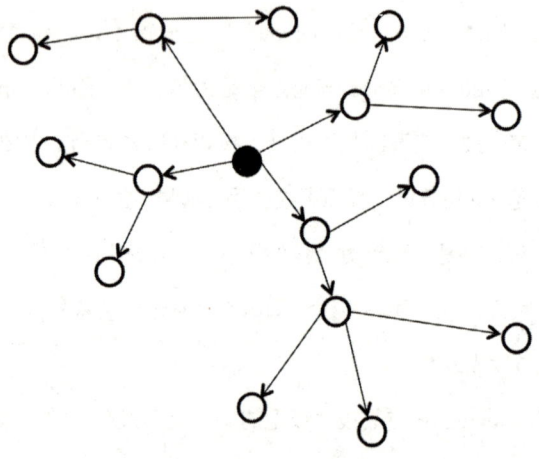

图 1-9 "知识图谱"的节点

比如，某人如今正处在失业难关，一时间陷入了迷茫，不知道未来在哪里，不知道还能干什么，也不知道下一步应该怎么做，一切好像都是混沌的。

如果这是一个平时有阅读习惯的人,他可以将所阅读过的内容进行一定的提炼,然后绘制出如下节点(见图1-10):

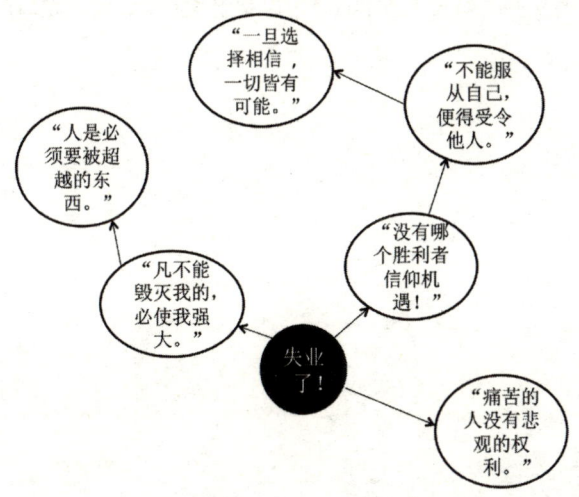

图1-10 与阅读有关的"知识图谱"的节点

上图中所有的话均出自弗里德里希·威廉·尼采作品,也就是说这个人用一套尼采的理论作为节点,帮自己化解迷茫。

首先,根节点为"失业了",这是一切迷茫的根源。

其次,分出三个节点支脉,一个体现痛苦,一个体现机遇,一个体现自我强大。

再次,进行支脉上的延展,其中两个支脉进行了延展,一个支脉并未进行延展。

最后,支脉的尽头就是结论,不应该悲观,而应该相信自己,超越自己。

通过这一系列节点,处于迷茫的人会更容易整理出自己的思路,走出当下的迷茫沼泽。而且,这种"知识图谱"还可以长久保存,若将来再次陷入迷茫中时,可以拿出来看看,说不定瞬间就化解了内心的迷失。

1.6 用阅读检索出与你同频的人

俗话说，物以类聚，人以群分，性格与爱好相近的人，容易成为好友。

的确是这样，性格与爱好相近的人，相互之间在逐渐沟通中，情感更易相通，更易成为长久的莫逆之交。人与人之间的这种"同频效应"，联通起两个心频相通的人。

想要于千万人中找到与自己同频的人并不容易，如果没有点儿有效的方法，找错的概率是非常大的，有的人在错过N次之后才与知己相逢，有的人终其一生都未能找到一个同频好友。

如何避免这种状况在我们身上出现呢？推荐的方法就是阅读——用阅读检索出与你同频的那一个或几个人。

1.6.1 是否喜欢读书进行初步检索

阅读检索法的第一步就是看看对方是否喜欢读书，是否经常读书。很难想象，一个喜欢阅读的人和一个从来不阅读的人，能成为倾心相交的朋友。因为是否有阅读习惯，决定了一个人的谈吐、素质、品味、层次、眼界、心胸等很多方面，甚至对一个人的相貌都有影响（见图1-11）。

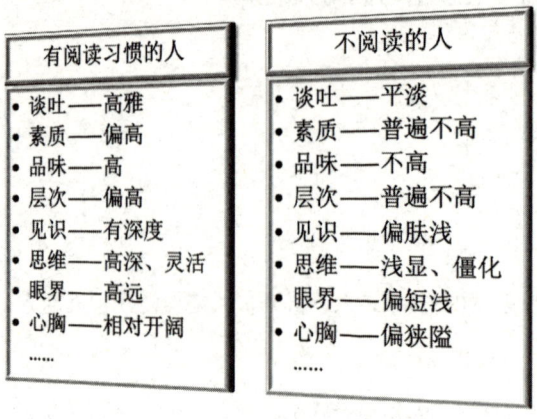

图 1-11　是否具有阅读习惯的差异

由图片可以看到，有阅读习惯的人和没有阅读习惯的人在整体境界上还是有差距的。这种差距是根本性的，造就了彼此几乎不会有任何共同点的两类人是难以相互走近的。

1.6.2　通过阅读的风格进一步检索

在是否有阅读习惯这一项上，能够初步检索出一个人的性格，但却并不是全面的，我们不能与所有有阅读习惯的人成为朋友，但我们却有机会与读同类书的人成为朋友。为什么这样说呢？（见图1-12）

阅读相同类型或类似类型书籍的人的共性						
有相同的兴趣爱好	有相似的行为习惯	有相近的思维模式	有共同的言谈内容	有接近的人生感悟	有趋同的人生目标	有相互吸引的性格特质

图 1-12 阅读同类书的人的性格共性

阅读同类图书的人往往有着相似的兴趣爱好。比如，有两个人都喜欢读侦探类小说，那么这两个人一定都对探索充满好奇。而且，因为所读相同，彼此间也会有语言上的共性，会进一步增加彼此间的相似度。

1.6.3 在阅读方式上进行细节检索

我喜欢读历史类的书，是不是所有读历史类的书的人都有可能成为我的朋友？答案当然是否定的。哪怕详细到具体的一本书上，再提出这样的问题，比如我喜欢读《三国演义》，是不是所有喜欢读《三国演义》的人都有可能成为我的朋友呢？答案也是否定的。

因为每一个人读同一本书的方式是不同的。这种不同造就人与人之间在细节上的不同。这样的不同可能不会在短时间内发作，但长期相处仍然会引发矛盾。

那么，阅读方式上都有哪些不同呢（见图1-13）？

图1-13　不同的阅读方式

其中，时间不同和地点不同，是最不能区分人与人之间差异的，或许只是受工作所累，不得已罢了。

顺序不同和次数不同，就是个人的选择了，但也只是表象不同而已，不能完全反映两个人的性格差异。

而接受度不同和辨识度不同，就完全是个人阅读方式的体现了。对于一本阅读完的书的接受度和辨识度，是可以看出阅读者性格中的细小特质的。

1.6.4　在理解程度上进行终极检索

读书一定会形成自己的理解，即便是浅显的阅读，也会形成

自己的看法,何况是经过一番深阅读之后,更加会形成对一本书的理解。而鉴于个体的性格差异,对同一本书的理解绝不可能完全相同。所以通过比较彼此对同一本书的理解,就可以确定对方是否与自己同频。

比如,A与B针对《福尔摩斯探案集》展开讨论:

A认为这套书不仅是破案小说,也是一本反映当时社会整体环境的书,很有人文参考价值。B则认为,这就是一套探案小说,没什么特别,只是柯南·道尔的个人喜好而已。

然后就没有然后了。虽然这两个人在"具有阅读习惯""阅读相同风格的书""相近的阅读方式"这三项上都是契合的,但最后在阅读理解上差异很大,因此彼此不可能同频。虽然,不能只是因为对一本书的理解不同就轻易下结论,但仍然很能说明问题——A和B有极大的可能在对其他同类书的理解上也无法取得一致。

如此,就导致两个人成为好友的概率变小了。虽然有些大师级的人物,能够同与自己意见相左的人成为知己,但这毕竟是极少数的。作为普通人的我们,还是"道相同才相为谋"更合适一些。

第 2 章 选书

优质的书读出优质的人生

好书就是一盏明灯,
在黑暗中为你指明方向;
好书就是一位老师,
引导你走上正确的人生道路;
好书就是一份精神食粮,
给你勇气,
给你力量。

2.1 好书的条件

什么是好书？这是一个仁者见仁，智者见智的问题。

可以说，这个世界上没有任何一本书会满足所有人对好书的要求，最终得到所有人的认可。哪怕是世界上最畅销的《圣经》，也无法做到让所有人满意。

曾经，我认为那些享誉世界的名著一定会博得大众青睐，但后来的事实证明我想错了，毕竟各人的性格、经历、学识、环境等差异化明显，对书的要求和理解不尽相同，自然对好书的需求也不会相同。

但是，好书还是普遍会受到欢迎的，还是有一些特征可以让人识别出来的。

2.1.1 易懂

通俗易懂是判断一本书好与不好的首要标准，若是不符合这一点，即便内容很有价值，也很难让人将其与"好书"联系到一起。

毕竟，我们读一本书的目的是要理解其中的含义，并借此对自己产生一定的促进作用。如果读了半天，发现内容晦涩难懂，这样的书给人的直观感觉肯定不会好。

比如，德国社会学家马克斯·韦伯所著的《新教伦理与资本主义精神》一书，如果以价值而论是具有历史性意义的，堪称名著。原本我在高中阶段就想阅读，但当时因听人说这本书相当难懂，最好上了大学再读，于是我在大学临近结束的阶段才开始阅读。即便如此，我在读的过程中仍然感觉作者的行文过于拐弯抹角，让我很别扭（见表2-1）。文章末尾，韦伯本人做了纲要，但如果放到文章的开篇就更好了。

表2-1 《新教伦理与资本主义精神》中难懂之处举例

摘抄举例	出处
天主教徒较少参与德国的近代经济生活这一事实更为令人诧异，因为它与任何时候（包括现在）都可以观察到的一种趋势恰好相反。屈从于一个统治者集团的少数民族或少数派宗教，由于他们自愿或不自愿地被排除在政治影响之外，一般都会以一种异乎寻常的力量介入经济行为。	第一章 宗教派别和社会分层
如若"资本主义精神"这一术语具有什么可理解的意义的话，那么这一术语所适用的任何对象都只能是一种历史个体，亦即是一种在历史实在中联结起来的诸要素的复合体，我们是按照这些要素的文化意蕴而把它们统一称为一个概念整体的。 然后，这样一个历史概念，正因为就其内容而言它指的是一种由于其独一无二的个体性才具有意义的现象，所以它不能按照"属性种差"的公式来定义，而必须逐步逐步地把那些从历史实在中抽取出来的个别部分构成为整体，从而组成这个概念。	第二章 资本主义精神

2.1.2 有内涵

一本好书，内容是发人深省的，是有价值的，这就是一本书的内涵。

对于内涵的解读，很多人将其理解为写作的深刻，认为"凡是深刻的必是有内涵的"。对于一本好书来说，这是非常错误的理解。好书里边体现出的意义应该深刻，而写作应该简单。日本作家藤原正彦这样理解一本书的深刻（见图2-1）：

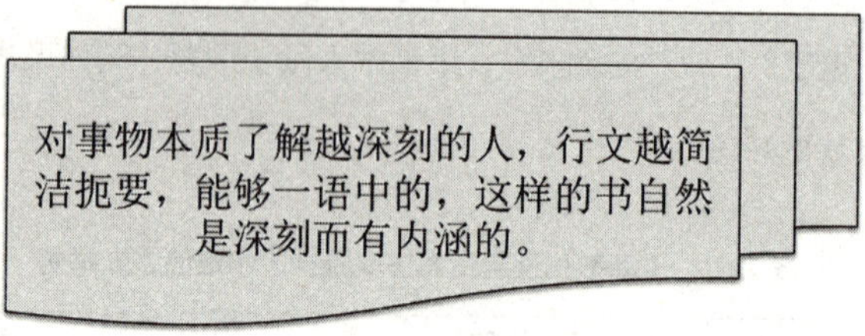

> 对事物本质了解越深刻的人，行文越简洁扼要，能够一语中的，这样的书自然是深刻而有内涵的。

图 2-1　意义深刻且有内涵的书

藤原正彦所著的《国家的品格》就是这种深刻而有内涵的书的典型。虽说畅销书未必是好书，但这本书确实是不折不扣的好书。

在书中，藤原正彦写出自己的主张，是基于自己长久以来的研究，而不是心血来潮地出于迎合读者的目的。这本书他写了30多年，是其强烈信念的浓缩。这本书不仅在内容上达到了极高的水准，写作风格简洁明了，反映的内涵也相当深刻。

2.1.3 令人惊喜

人的感觉有时候可以成为很可靠的"评判官",就像我们爱吃某种食物,很多时候也说不出来是怎么一种好吃,就是喜欢那个味道,这就是感官直觉带给我们的感触。

读书有时也像对食物的嗜好一样,必然有着只属于个人偏好的选择性。或许某一本别人觉得印象平平的书,在你看来有着振聋发聩的意义。对于你来说,这就是本好书,而且还是非常好的书。

当袁宏道在一本小诗集里发现一个名叫徐文长的同代无名作家时,只看了他的一小段《进白鹿表》,就从床上跳了起来,第二天就迫不及待地介绍给好友知道。

乔治娜·伊里奥特说她第一次读到让·卢梭的《忏悔录》时,整个身体好像受了电流的震击一样,当时就麻木了。

尼采在读亚瑟·叔本华的《论意志的自由》时,也产生了同样的被电麻的感觉。虽然脾气暴躁的尼采最终反叛了乖张易怒的叔本华,但这不妨碍叔本华对于尼采一生的影响。

毫无疑问,能让自己瞬间觉得惊喜不已的书,对于自己来说,无疑是一本很有价值的好书。

在我读小学的时候,家里有一本关于淮海战役的书很吸引我。虽然那时候读起来有些费劲,但我还是一字不落地看完了。就是那本现在看来根本算不上经典好书的书,彻底打开了我对"二战"历史的兴趣之门。

2.2

专家选书：借助牛人的眼睛锁定最该读的书

权威在任何时候、任何领域都是极具价值的。往往权威专家的一句话，就能让人们对一种事物趋之若鹜。在阅读方面也是如此，如果哪位大家向读者推荐一本书，用不了多长时间，这本书的销量就能冲到排行榜首位。

因为世界上的书多如牛毛，究竟哪一本值得花费金钱和精力去阅读，绝大多数读者往往难以决断，如果一位牛人发话"《×××》这本书挺好"，结果会怎样？当然是"权威效应"立即发挥威力，从之者甚众。

2.2.1 跟对网络上的一个或几个牛人

阅读往往集中于某一个或某几个领域，以此来增强我们对该领域的见解，这样对未来的人生会有更大的助益。

本着这样的目的，在阅读选书方面，可以"跟着牛人的脚步",关注牛人的公众号、微博、豆瓣等平台,看看TA读过什么书,正在读什么书,推荐了什么书。

比如,我跟着游识猷老师的脚步,读了她在新浪微博推荐过的好书(见图2-2)。

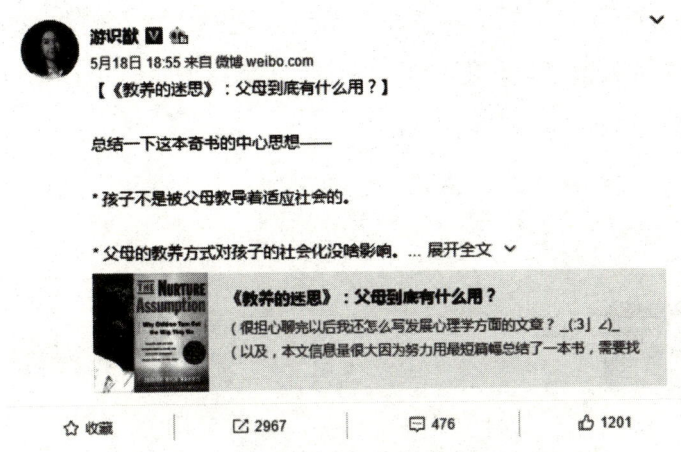

图2-2 游识猷新浪微博推荐的书

除了像游识猷等个人微博大V号,还有一些专门推荐书的微博大V号也可以借鉴,比如,"每日推荐好书""经典书籍推荐""好书推荐"等。

在微博之外,还有很多网络渠道可以用作参考,比如,知乎上的"书籍推荐"的话题。注册知乎之后,在话题中搜索"书籍推荐",点击"关注话题",就进入该话题。里边有很多知乎用户的文章,对如何分辨书籍价值进行了详细的介绍(见图2-3)。

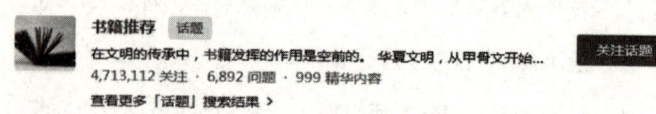

图2-3 知乎"书籍推荐"话题

简书是一个面向所有人写作发布文章的平台,人人都可以注册账号并发布自己写好的文章。其中不乏高质量的UP主,比如我个人非常欣赏的"Kris在路上"和"Sting"。

在推荐书方面,直接进入专题比较好,比如"书单"专题(见图2-4)。

图2-4 简书"书单"专题

微信公众号更是一个可以发现人才的地方,很多原本普普通通的人,因为在公众号上渐渐有了活跃度,就成了受追捧的网络名人。很多牛人就这样涌现了,其中不乏喜欢阅读的优质公众号,比如"每日好书推荐""品书推荐"等。

还可以加入各种"读书群""爱书群"去结识阅读爱好者。加入这种群体的方式可以通过豆瓣搜索,输入"阅读"就会出现很多阅读小组。还有一种比较"原始"的方式,就是通过QQ群去跟阅读爱好者交流。

2.2.2 在线下找某领域的专家、学者、优秀人士等

虽然上网寻找好书是一种很普遍的方式，但任何途径都不是绝对的。

除了"线上"寻找外，"线下"寻找的方式也不能放弃。比如想知道某个领域有什么好书，可以去咨询该领域的专家、学者，请他们推荐。

无疑，在现实生活中，这些人都是成功人士，都是我们想成为的那种人。如何能更快速地向他们看齐，除了自己不断努力之外，还需要向他们的知识领域不断靠近。要实现这样的抱负，最简单的方法就是向他们请教，读他们读过的书，看他们看过的资料（见图2-5）。

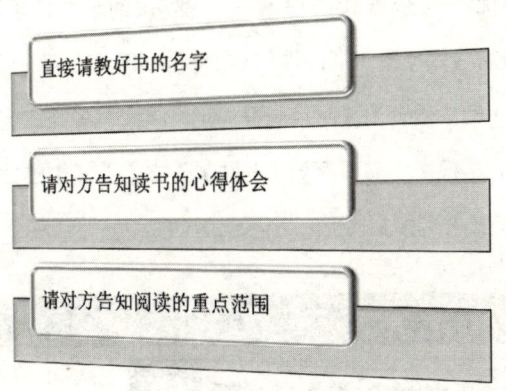

图2-5 向专家、学者请教阅读的门道

所谓"听君一席话，胜读十年书"，说的就是这个意思。有了这些高人相助，你不仅能够快速找到优质书籍，收获也会成倍增加。如果幸运，你甚至可以通过交流和倾听，领悟到将分散、独立的知识融会贯通的方法和技巧。

2.3 高分选书:"书评"只是参考,却是很好的参考

各种优秀的杂志和书评网站,都有优质"书评"(见图2-6),比如《新京报·书评周刊》《澎湃新闻·上海书评》《南方新都市报·阅读周刊》《时代周报·时代阅读》《经济观察报·书评》《东方早报·上海书评》《书城》《文景》《中国独立阅读报告》《文汇读书周报》《上海文化》,等等。

图2-6 部分书评类网站

以登录"走廊"网站为例。登录以后,可以看到其中汇聚了来自不同渠道的书评,有个人的书评,也有机构的书评,以更新时间前后排列。比如,其中一篇名为《伯樵评〈意义的边界〉:那些光

芒四射的误会》，来自上海书评。

我们不可能阅读所有的书评之后，再去判断哪本书是好的。即使真有可能阅读所有书评，也不见得能判断出什么是好书。因为，一个富有判断力的人，是绝不用遍览群书之后再做出判断的，而是在有限的信息中就能得出相对准确的判断，判断力是通过不断学习得以持续性提升的，是一个循序渐进的过程（见图2-7）。

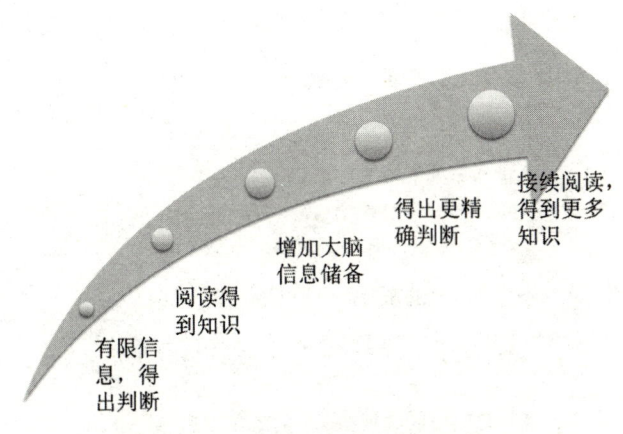

图2-7　通过书评判断书籍能力的提升过程

正因如此，我们在阅读书评时，也要有自己的判断，不能因为书评中将作品大为推崇，就毫无判断地全面接受。必须要知道：书分好与坏，书评同样也分好与坏；有正确的书评，就有不正确的书评。下面，我们要从两个方面对如何判断书评进行阐述。

2.3.1　阅读书评时，要辨识出作者的个人喜好

任何评论，不管是不是图书类的，写作者必然会带着自己的喜

好。所以，历史学家钱穆先生的态度是拒绝研究近代史，因为作为一名中国人看到自己的国家备受欺凌，他认为自己不能以平常心对待，做出的研究也将有失偏颇。

借鉴钱穆先生的认知，我们也必须要知道，个人好恶是会影响个人判断的。因此，在阅读别人的评论时，一定要先看看评论者是否带有强烈的个人情绪，判断的标准就是看书评中是否用了很多感情色彩的词句。如果是的话，说明这篇评论的价值不高。优质的书评一定要满足以下三个要素（见图2-8）：

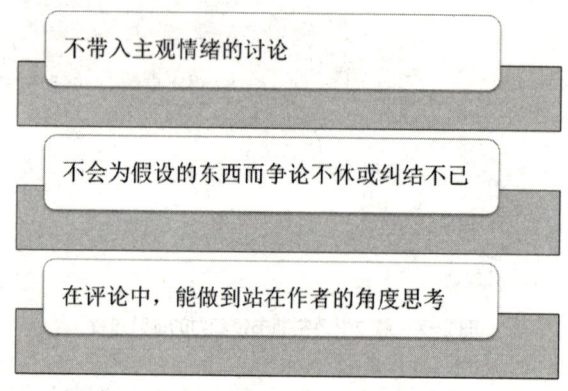

图2-8　优质书评的三个要素

如果书评做不到这三点，说明评论者不专业或者思路不清晰。

2.3.2　筛选书评时，内部筛选与外部筛选并举

第一，内部筛选机制。

首先，确定需求。先不管推荐书的人或机构有多权威，要先判

断所推荐的书是否符合自己的需求。不符合，就pass掉。

我们推荐的判断方法是向豆瓣借经验。可以先到豆瓣上研究下所要阅读书籍的简介和目录，看和自己需求的契合度有多高。比如，《霍乱时期的爱情》这本书，豆瓣评价9.0分，简介写的是（见表2-2）：

表2-2　豆瓣上《霍乱时期的爱情》的简介

> 小说写一个男人和一个女人之间爱的故事。他们在20岁的时候没能结婚，因为他们太年轻了；经过各种人生曲折之后，到了80岁，他们还是没能结婚，因为他们太老了。在60年的时间跨度中，马尔克斯展示了所有的爱情可能性，所有的爱情方式：幸福的爱情、贫穷的爱情、高尚的爱情、庸俗的爱情、粗暴的爱情、柏拉图式的爱情、放荡的爱情、羞怯的爱情……甚至，"连霍乱本身也是一种爱情病"。

第二，外部筛选机制。

符合个人需求还不够，书的质量也要过关才行，否则耗费时间和精力去读一本没有价值的书，等于是浪费生命，因此也要pass掉。

我们推荐的方法还是到豆瓣取经，可以参考豆瓣的"评分＋短评＋书评"。虽然评分不能作为绝对的参考依据，但仍然能够反映出读者的态度。

仍以《霍乱时期的爱情》为例，总评价人数超过了1000人，达到了可参考评价人数的基础，评分高达9.0分，58.5%的用户给了"五颗星"，这些数据都足以说明该书的艺术价值和在文坛上的地位。下面再来看看豆瓣上对该书的短评（见表2-3）。

表2-3　豆瓣上《霍乱时期的爱情》的短评

摘抄短评	评论者 （豆瓣用户名）
六星，感触良多。如果说内容是所谓包罗了所有的爱情，那么小说本身具备了好小说几乎所有的优点，文字、韵律、气息、情绪、场景……（唯独情节不是那种通俗的跌宕）这才是真正的阅读的愉悦。	"打脱手"
这本书包含了爱情的全部答案。阅读本书的好处是重新相信爱情，坏处是意识到即便相信也无济于事。	"飞行官"
书中描写的爱情，是那么自相矛盾却又合情合理，那么悲伤却又充满着狂喜。那么苍老无助，却又在某个瞬间，永远年轻。	"寂地"

当然，无论是好评还是差评，都只可作为参考。一方面因为个人的喜好不同，另一方面因为网络上存在的"无脑黑"或"无脑捧"，导致一些书的评分假低或虚高，因此要清醒地做出判断。不过，毕竟"网络黑子"的数量还是少数，因此总体上评价还是比较准确的。

2.4

角色选书：你是谁，你最需要阅读什么书

书是读给自己的，因此，究竟应该读怎样的书，还要根据自身情况而定。

之所以这样说，不只是因为阅读要有针对性，还因为作为成年人，已经没有大量时间供己挥霍了。每阅读一本书，都要尽量对自己综合能力的提升有助益作用，如果起不到助益作用，即便书写得再好，阅读的价值也不大——最起码当下阅读的价值不大。那么，阅读什么样的书才算对自己有助益呢？有三个原则需要遵守（见图2-9）。

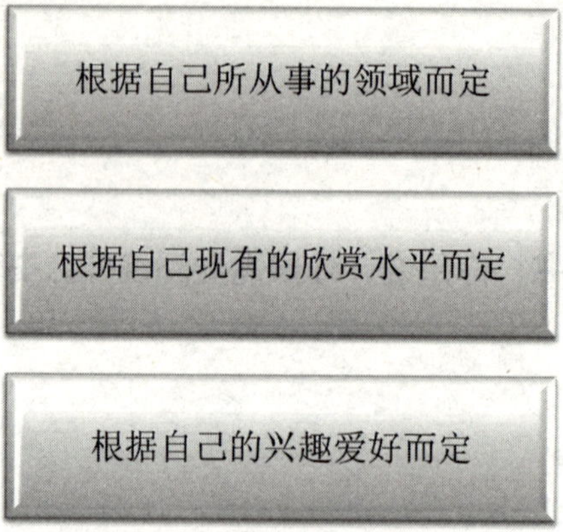

> 根据自己所从事的领域而定

> 根据自己现有的欣赏水平而定

> 根据自己的兴趣爱好而定

图 2-9　阅读时需要遵守的三个原则

当然，不是说与我们自身无关的书就坚决不要读，在不耽误正常时间的情况下，可以选一些非常优质的书利用碎片式的闲暇读一读，以活跃身心。

总之，在这个世界上，不论是学者还是专家，都无法为你列出量身定制的书单，但你自己却能。你的喜好，你的气质，你的欣赏口味，只有自己最清楚；适合你读的书，也只有自己知道。所以，当你读了一定数量的书，具备了判断能力后，就可以根据自己的水平和好恶来挑选书籍。

2.4.1　根据自己所从事的领域选书

在自己从事的领域内进行积累是读书极为重要的意义，毕竟工作是需要不断提升能力才能越做越好的。

比如，你是一位警务工作者，读一读《心理测验》《恐怖的三角公寓》《埋伏》《恶灵岛》这样的书是很好的。

再比如，你想通过看名著学外语，结果购买的都是国外名著的汉译版本，这对你将是毫无帮助的。

所以，可以根据自己所从事的领域，选择相关的图书来阅读、学习，从而得以进步、提高。

2.4.2 根据自己现有的欣赏水平选书

根据自己的欣赏水平和判断能力选书。

这一点尤为重要。自身的水平决定了阅读书籍的范围。毕竟任何领域的书籍都是分难易程度的，有些书偏重理论，可能阅读起来就相对困难；有些书偏重实践，阅读起来就相对容易；有些书偏重基础，阅读起来就非常简单。具体应该选择哪种难度级别的书，需要根据自己的能力水平（见图2-10）而定。

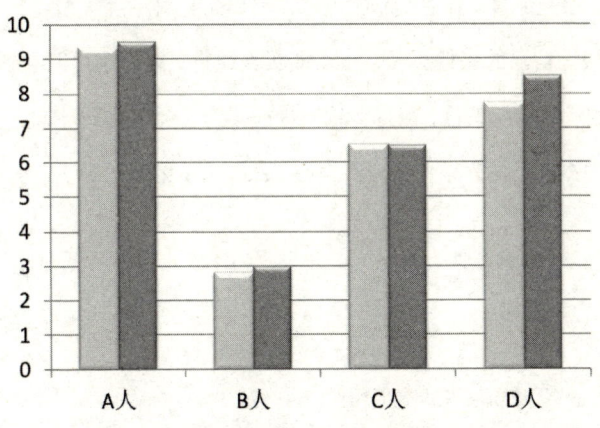

图2-10 自身能力水平与书籍难易程度的关系

比如，你刚开始进入某个领域，不要一上来就捧着一本高深莫测的行业经典去啃。这种方式会让你渐渐丧失阅读乐趣。正确的做法是从一本简单明了的入门书籍开始，待水平提升到一定程度之后，再稍微加大难度，找到和自己阅读水平符合的书籍。

2.4.3 根据自己的兴趣爱好选书

每个人都有自己的兴趣爱好，可以在方方面面体现出来，在阅读方面也不例外。比如，某人的性格比较活跃，喜欢探索未知、关注军事动态、研究历史人物，那么他在买书时会格外关注这几方面的书籍，比如《物理世界奇遇记》《薛定谔的猫》《战争论》《制空权》《拿破仑传》《贝布托传》等。

比如我最近喜欢看魔幻类的作品，读到一本名为《天堂门》的小说，很是惊喜，作者是新锐网络作家灼灼明朗。

根据自己的兴趣买书，不仅能买到经典书籍，还可以买到意想不到的优秀冷门书籍，就像我很高兴能买到《天堂门》一样。

根据自己的兴趣买书需要满足三点要求（见图2-11）。

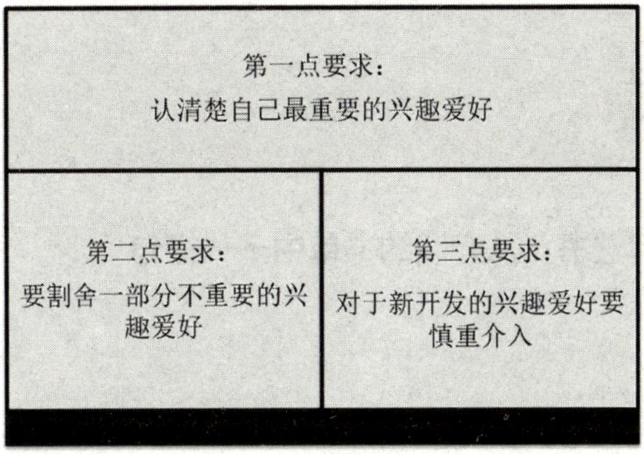

| 第一点要求： |
| 认清楚自己最重要的兴趣爱好 |

| 第二点要求：要割舍一部分不重要的兴趣爱好 | 第三点要求：对于新开发的兴趣爱好要慎重介入 |

图 2-11　借助自己兴趣选书的三点要求

口碑选书:从必读的书单中——打勾

阅读就相当于一个筛选的过程,在浩瀚的书海里寻找到自己应该读的书、必须要读的书。

想要筛选出对自己有助益的好书,借助口碑效应是很不错的方式。通过外界传递的对书的评价,我们能够大概知道书的质量,然后再结合自己的判断,筛选出好书。

但是,不可能所要购买的书都能一次性读完,因此要列出一个阅读清单,将自己待读的书列进去,然后一批一批买进,一本一本读完,读完的书就打个对勾(见表2-4)。

表2-4 阅读清单

序号	书名	作者	出版社	读完	精读
1	基督山伯爵	[法]大仲马	中国编译出版社	√	
2	莎士比亚十四行诗	[英]莎士比亚	外研社	√	★

3	不能承受的生命之轻	米兰·昆德拉/许钧（译）	上海译文出版社	√	
4	秘密	[澳]朗达·拜恩	中国城市出版社	√	
5	自控力	[美]凯利·麦格尼格尔/王岑卉（译）	文化发展出版社		
6	……	……	……		

该表中，标注"√"的是已经完整读完一遍的，标注"★"的是需要精读的。

之所以要列出作者和出版社，是为了更详细地对书进行区分。因为有些书由不同出版社出版，还有一些跟风书与原版书很相像，这都容易造成混淆，导致买到烂书和伪书的可能。比如，在名著方面就存在N个出版社发行同一名著的现象，而在社科书方面则存在追热点以次充好的状况。为了更清楚地辨识，方便日后购买，要在购书清单中列出这些信息。

2.5.1 权威机构给出的书单必须要借鉴

每个领域都必定会有一些专业机构或达人、专家开列出的书单。根据这些优质的推荐书单，以及自己的兴趣爱好，酌情筛选，好书自然出现在面前。

美国新媒体Quartz公布了一组数据，列出了哈佛大学、普林斯顿大学、耶鲁大学、哥伦比亚大学、斯坦福大学、芝加哥大学、麻省理工大学、杜克大学、宾夕法尼亚大学、布朗大学这十所高校被教授推荐次数最多的书籍（见表2-5）。

表2-5 美国十所大学推荐的书单

排名	推荐次数	书名	作者
1	168	理想国	柏拉图
2	163	利维坦	托马斯·霍布斯
3	163	君主论	尼可罗·马基亚维利
4	158	文明的冲突与世界秩序的重建	塞缪尔·亨廷顿
5	145	风格的要素	威廉·斯特伦克
6	122	伦理学	亚里士多德
7	119	科学革命的结构	托马斯·库恩
8	119	论美国的民主	阿历克西·德·托克维尔
9	116	共产党宣言	卡尔·马克思
10	113	政治学	亚里士多德

2.5.2 在有参考价值的网站上搜寻

有时候我们会感慨，现在的网络如此发达，信息量太过巨大，随便就能找到一些人对书籍的推荐，是不是都有参考价值呢？当然不是，总会有滥竽充数的推荐者存在，他们或者本身实力不够，或者是出于某种经济目的，或者是单纯的人云亦云，总之这种推荐是不具有参考价值的。

但是，有一些人或网站经过数年的大浪淘沙之后，成功地存活到现在，成为在某一领域内有相当话语权的权威，这样的网站就有了很高的参考价值。最典型的就是豆瓣网。作为用户量庞大、信息内容丰富的网站，豆瓣网推荐的文学作品和影视作品是非常有价值的，其中的高分作品是经得起时间考验的。

在豆瓣网，有"年度高分图书"和"年度最受关注图书"两个板块。这是在一年的年底，网站通过内部整理的数据得出结论，将结果公布出来的对读者选书很有参考价值的书单。比如，2018年12月21日，豆瓣网评出了"2018年度高分图书"和"2018年度最受关注图书"（见图2-12、图2-13）。

图 2-12　豆瓣"2018年度高分图书"

图 2-13　豆瓣"2018年度最受关注图书"

2.5.3 各大电商网站畅销书榜单和排名

在网络销售时代，可以在销售书籍的网站上查看近期内图书销量，看看各电商的内部排行榜，留言状况，评价数量。需要注意的是，电商网站的销量只是作为参考，重点还应该看用户评价。毕竟那些看过的用户留下的评价更加直观，更有助于我们对书形成初步的理解。

以当当网为例。进入当当网后，在首页点击"图书排行榜"，进入"当当图书排行榜，中文阅读风向标"页面（见图2-14）。

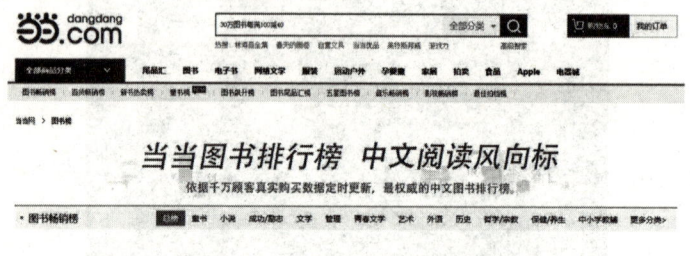

图2-14 电商网站（当当网）的排行榜

该页面中有各类排行榜，比如"新书热卖榜""图书飙升榜""五星图书榜""童书榜"等。

进入"新书热卖榜"，里边有历年发售新书时的热卖榜单，还有"近24小时""近7日""近30日"的新书热卖情况。左边是图书的分类，可以更加详细地知道每一类图书的热卖情况。点开"管理"类别下的"创业企业与企业家"子类别，显示的就是该类别图书的热卖情况。

2.6

沉淀选书：时间会检验书的"成色"

很多时候不用任何选书方式，时间就帮我们做了决定。就像但丁的《神曲》已经700多年了，柏拉图的《理想国》超过2000年了，《荷马史诗》更是将近3000年，但依然是经典中的经典。

2.6.1 时间就是标志

判断一本书的好坏，最简单直接的方式就是"时间效应"。一本书从成书到现在有多少年了，如果经久不衰，成为众口相传的名著，这本书的价值一定小不了，是非常值得一读的。

比如《威廉·退尔》和《三十年战争史》，都是德国文学巨匠约翰·克里斯托弗·弗里德里希·冯·席勒所著，两本书的创作时间距今已经两百余年。

2.6.2 依出版次数而定

有些书虽然不像名著那样历经百余年而屹立不倒，但因为其特有的价值属性，也被读者广泛购买，以至于几年之内再版多次。通常情况下，一本书的出版版次多，能够说明这本书具有阅读价值。

比如，地图册类的书籍人们购买的力度并不是很大，除非专业人士，很少有人每一年都购买。我是一个地理迷，购买的频率为三四年更新一次。我的挑选标准就是看出版次数和出版社，一般地图类书籍我首选由专业性最高的中国地图出版社出版的并且出版次数最多的那一套（见图2-15）。

世界地图集			
出版发行	中国地图出版社		
社　　址	北京市西城区白纸坊西街3号	邮政编码	100054
网　　址	www.sinomaps.com		
印　　刷	北京华联印刷有限公司	经　销	新华书店
成品规格	210mm×297mm	印　张	25.5
印　　次	2016年1月修订 北京第18次印刷	版　次	2005年1月第1版 2011年1月第2版
印　　数	113601-118300	定　价	120.00元
书　　号	ISBN 978-7-5031-5784-4/K·3451		
审 图 号	GS(2010)1502号		

本图集中国国界线系按照中国地图出版社1989年出版的1:400万《中华人民共和国地形图》绘制

咨询电话: 010-83493050（编辑），010-83493029（印装），010-83543956，83493011（销售）

图 2-15 依出版次数多而购买的《世界地图集》

2.7

同类选书：从一本书下手，顺藤摸瓜找"下一本"

选对一本好书之后，我们会想着要选出下一本好书，争取阅读的每一本书都是有营养、有价值的，这样才有机会让阅读的意义最大化。

但是，是不是选择每一本书都要通过上述总结的那些步骤呢？有没有更简便一些的方法呢？

当我们熟悉某个领域后，已经在该领域浸淫了一段时间，阅读了诸多相关书籍，对该领域的知识有了自己的见识，就可以通过"顺藤摸瓜"的方式快速找到下一本应该阅读的好书了。

2.7.1 根据一本书的参考书目选书

同一个领域内的书所阐释的知识是相通的。在一本书里，如果你看到了相关的参考书目，要把这些参考书目抄录下来，这是非常重要的信息。当然没有必要全部购买，可以有选择性地购买其中的一部分。

下面,以《演说心理学》这本书为例,在该书P231、P232、P233,列举出了参考文献,一共有35本,受篇幅所限,我们仅展示其中的一页(见图2-16)。

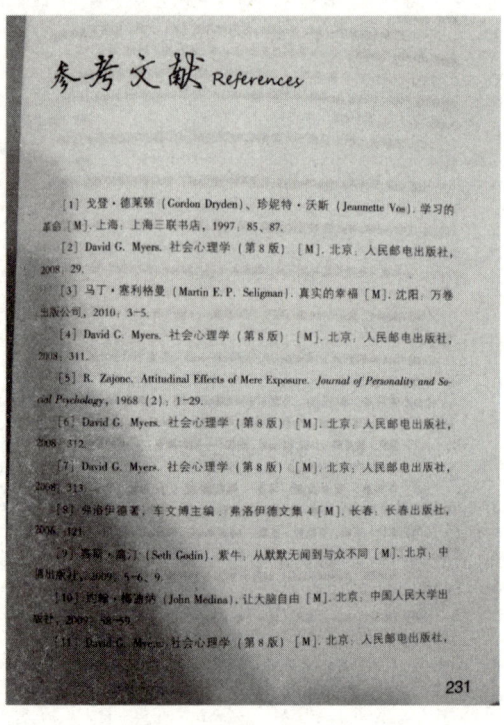

图2-16　书籍中的参考书目

其中,每一条参考文献列举出的是(依照图中顺序):该文献的作者,该文献的名称及版次,该文献的出版地点,该文献发行的出版社,该文献出版的年份等。

比如：[9]赛斯·高汀（Seth Godin）.紫牛：从默默无闻到与众不同[M].北京：中信出版社，2009:5—6、9.

解释为：内容参见赛斯·高汀所著、由北京中信出版社2009年引进出版的《紫牛：从默默无闻到与众不同》一书中的第5～6页、第9页。

2.7.2 根据一本书寻找该作者相关的其他著作

同一个作者写作的书是具有思维贯通性的，因此，在阅读时很多人往往会将某一位作者写出的优质书都读完，以便更清晰地了解该作者的创作思维和人生理念，更好地理解作品中蕴含的深意。

比如，我曾经看过一本名为《高效能阅读》的书，感觉写得很好，作者是日本作家原尻淳一。他在书中列举了89个读书的技巧，都非常实用，我阅读过后受益匪浅。于是，我便在网站上搜索"原尻淳一"的其他著作，搜出了《整理的艺术3》，是原尻淳一和小山龙介合作编写的。

2.7.3 根据书中提到的其他书名进行寻找

一本书里，有可能出现其他书籍的名字，因为知识是可以借鉴，大家都是在不断地借鉴中互相提升的。只要在一本好书中看到了其他的书名，就要记下来，去查找看看，这是一本什么书，是否值得阅读。集中读三五本，就基本上对这个领域有了比较宏观的了解。

比如，在《HR转型突破：跳出专业深井成为业务伙伴》一书中，作者就借鉴了一些书作为印证（见表2-6）。

表2-6　《HR转型突破》借鉴《自私的基因》和《丰田生产方式》

摘抄举例	出处
1976年，进化生物学家理查德·道金斯（Richard Dawkins）撰写了经典巨著《自私的基因》。他在书中写道："如果你和我一样，也希望建立一个人人为了共同利益而无私合作的社会，可别指望从生物天性中获得什么帮助……因为我们生来就是自私的。"	第二章第一节 CEO：最大的HR总监
1943年之前，大野耐一一直在纺织工业工作。福特的书漂洋过海，到了大野耐一手里。在《丰田生产方式》中，大野耐一说："我最感兴趣的是福特那句话，'棉布是用在这里的最好材料吗？'我经常从反方向来看事情，读了福特的文章后，他卓越的逆向思维方式，给了我很大的启示。"	第五章第一节 从后向前看：大野耐一的逆向思维

第 3 章

清障
怎样变成阅读体质

当你发现自己在阅读方面有困难时,
一定是有某些障碍在阻挡你去阅读。
这时,
你应该尽快找到这些障碍,
并且想办法清除掉,
让自己从无法阅读的体质
转变为习惯阅读的体质。

3.1 为什么刚读几页就"走神"了

阅读应该是一件专心致志去完成的事情,让图书中的每一个知识点和价值点都能深植于大脑中,这样才能在日后需要的时候随时调用。

但是,现实中的情况却是很多人读书总与"走神"相伴,读着读着就溜号了,眼睛留在书上,思绪早已飞出天际,不知所踪了(见图3-1)。如此状态下的阅读,只能说是装样子。

图 3-1 阅读的走神状态

很多人对阅读走神的状况"深恶痛绝",非常渴望立即将"走神的神经"抽离出体外,让自己能够凝神阅读,毕竟聚精会神是深度阅读的基础保障。

俗话说,解铃还须系铃人,想要赶跑"走神神经",就要知道是什么导致我们阅读走神的。下面整理出五种导致我们走神的干扰因素,看看经常让你走神的是哪一种或哪几种,这样才能做到有的放矢地去改正。

第一种,对阅读的书不感兴趣。

这是引发阅读走神的最根本原因。对所读的书没兴趣,就不能让大脑产生兴奋,甚至会反复出现抵制状态,告诉你"不喜欢,看不进去""压根不需要这样的知识""这本书写得太没劲了"这样的信息。虽然有时候因为某些需要(比如工作)必须阅读不感兴趣的内容,但这也无法说服大脑能够妥协。

应对方式:工作上需要的阅读务必克服走神,其他情况下就果断放弃,不要强迫自己做无意义的阅读。

第二种,心绪烦乱之时。

这是基于个人情绪的一种状态。谁都不可能永远活得阳光灿烂、心情美好,总会有心烦意乱、甚至痛苦难挨的时候。脑子里塞满了各种各样的事情,阅读就会非常困难。

应对方式:当问题尚未解决之时,就暂停阅读去解决问题。在问题解决之后,即便心情尚未回复,也要重新开始阅读。在阅读中,让自己的心绪逐渐平静下来。

第三种，阅读环境不佳。

不可否认，阅读必须要在适合的环境下进行，如果环境不合适，阅读的质量势必会下降，甚至无法阅读。不佳的阅读环境都包括哪几类呢？（见图3-2）

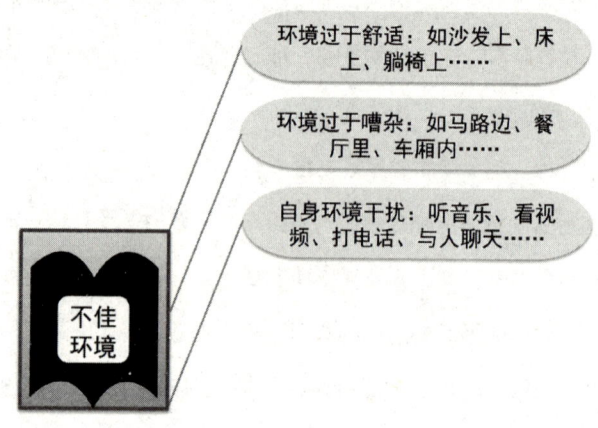

图 3-2　不佳的阅读环境

应对方式：为自己营造一个有利于阅读的环境，比如坐在书桌边，大脑就会从放松状态回到工作状态；去图书馆、阅读室、咖啡厅等安静的环境，就可以不受嘈杂打扰；关掉电子设备，让自己只与眼前的书籍为伴。

第四种，在一天中的错误时间阅读。

阅读不是随时都可以进行的，必须要在正确的时间进行，也就是在身心最适合阅读的时候进行。如果已经熬夜很晚了，此时就不宜再看书了，大脑已经难以提供足够的精力了，休息才是最重要的。再比如完成了一项浩大的工作之后,也不宜再进行阅读了,要立即休息。

应对方式:必须要选在一天中最清醒或者身心较为愉悦的时间段阅读,比如清晨时分、傍晚时分。

第五种,受到外界的干扰。

这是一种不受个人意志控制的情况,但却常常发生在生活中。有时候我们正在聚精会神地看书,突然家里来了客人、响起一通电话、门外发生争执,诸如此类情况,都会干扰我们(见图3-3)。

图 3-3　阅读时受到外界的干扰

应对方式:对于来自外界的干扰,我们无法控制,只能因事而定,真正紧急的事情需要立即处理,来了客人也要招待;不紧急的事情可以暂时放一放。

3.2

有意识地设定"读书时间"

林语堂曾说：读书使人得到一种优雅和风味，这就是读书的目的。而只有抱着这种目的的读书才可以叫作艺术。一个人如果抱着义务的意识去读书，便不了解读书的艺术。

所以，必须要经常读书。既然说到了"经常"，就需要让阅读成为生活中的习惯，每天为阅读设定专门的"阅读时间"。在这个时间之内，阅读是唯一应该做的事，除非有极其特殊的事情，该时间是不容侵犯的。

3.2.1 根据自己的状况设定"阅读时间"

设定"阅读时间"需要根据自己的实际状况而定，将自己的工作、生活、休闲、阅读、健身等时间完美交错开，做到在最合适的时间做最合适的事情。因此，清楚地了解自己的情况非常重要，可以从三个方面衡量（见图3-4）：

图 3-4　三个方面衡量自身情况

根据自身状况设定阅读时间的前提是不影响工作和家庭。虽然实现自身进步很重要,但阅读只是其中的一种方式,还有很多种努力方式都可以实现自身进步,比如参加才艺培训班、健身、交友等。

比如,A是一位自由撰稿人,时间可以做到自由支配。他的时间安排是:工作时间是上午8:00~11:30,下午14:00~16:00;陪伴家人的时间大概是7:00~7:40(早餐),17:50~20:30(晚餐);跑步和健身的时间是5:20~6:00,16:00~17:00;午餐加午休的时间是11:40~12:50;每天阅读时间是6:00~7:00,13:00~14:00,21:30~22:30。

也就是说,每天早上、中午和晚上各有一个小时是固定的阅读时间,除非极其特殊的情况,这三段阅读时间始终固定。

3.2.2 碎片时间应该用于读书

一天中的整块时间只有很少的几块,通常是上午工作的时段(9:00或8:30~12:00),下午工作的时段(13:00~17:00或17:30),晚饭后的休息时段(19:30左右~22:00左右),睡眠时间(23:00左右~6:30左右)(见图3-5)。

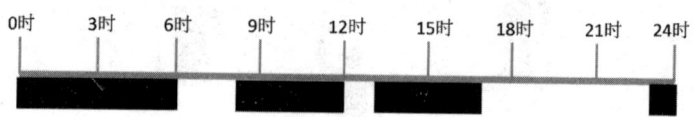

图 3-5 一天中的整块时间(不以行业划分)

工作的时间只能用于工作,这是对生活的保障。饭后时间往往因为个人生活状态和兴趣爱好的不同而有着不同的安排,或与家人享受美好时光,或与恋人共享甜蜜温柔,或在健身房挥汗如雨,或伏案学习更高深的知识,总之大部分人都不会在整块时间内阅读。

那么,将碎片的时间利用起来就是非常有必要的了。比如前面提到的A,如果他不是自由撰稿人,而是上班族或者是生意人,其阅读时间就不会很宽裕,或许只能抽出一小时或半小时来阅读。这么短的阅读时间是不够用的,需要把一天之内零零散散的碎片时间利用起来(见图3-6)。

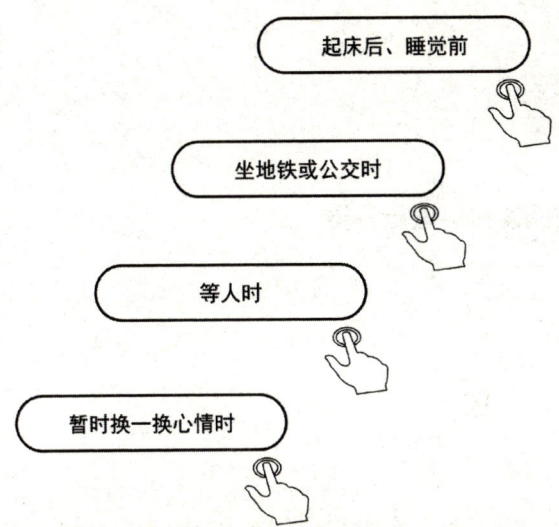

图 3-6　一天中的碎片时间（不以行业划分）

对阅读材料进行分类

阅读之前的一个重要步骤是对阅读的材料进行分类。从分类的作用来看，合理的分类方式能够提升阅读的速度和对书的理解。在一个懂得深度阅读的人的眼中，每一本书都是有灵魂的，应该给每一个灵魂一个家，也就是将每一本书放在其最该安置的地方。

如果你已经是一名资深的深度阅读者，你就会很清楚地知道要如何给书籍分类，也会很明白为书分类的最关键的几个节点（见图3-7）：

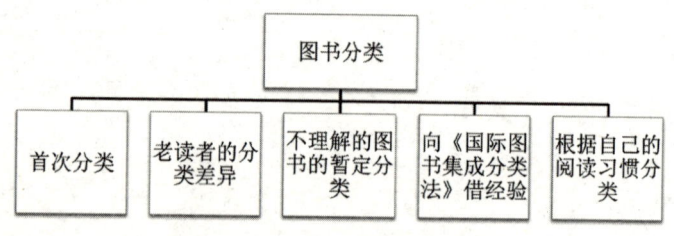

图 3-7 为书分类的关键节点

下面，我们详细解析这几个关键点。

3.3.1 首次分类

对于阅读新人来说，一提起分类总会想着怎样能一次性完成归类，因为眼前的书就那么多，所以就有了一次性分类整理到位的想法。但是，当阅读成为一种习惯，书籍就会逐年增多，这就需要持续性分类整理。

持续分类是在一次性分类的基础上进行的，所以，首次分类很关键。

比如，我最开始阅读时只有十几本书，分类如下（见图3-8）：

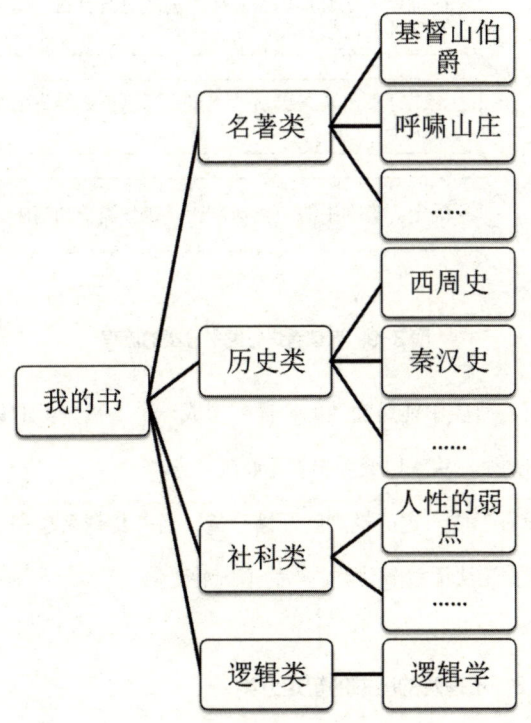

3-8 我的一次性图书分类示意图

3.3.2 老读者的分类差异

如果你已经是一个"老书虫"了,有了一些书,意识到书籍放置混乱影响的不仅是找书的时间,还会影响阅读的效率,这就需要先进行一次性整理,将现有书籍整理归纳好,以便将来再进行持续性整理(见图3-9)。

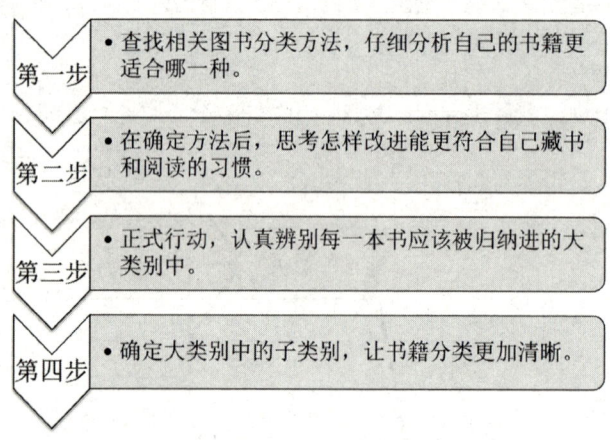

图 3-9 老读者进行图书分类的流程

切记:分类不能是随性的,需要形成一个书籍分类的最基础也最固定的规则,将来以此为根本不断延展分类。

若没有形成一定的规则就开始分类,当书籍越来越多,原始分类方法就会无法承载新品类书籍的不断涌现。

3.3.3 不理解的图书的暂定分类

有的书,因为对其内容不能马上消化,不知道该归入哪一类,那就不妨先把它归入"暂定类"。

比如，之前对于《乌合之众：大众心理研究》应该归入哪一类，就把我难住了。当时我只读完10页，不理解此书的主旨。犹豫着先后将其置于名著类、社科类、逻辑类，但又先后推翻了。最后我意识到，现有的四类都不能容纳这本书，只好单列一个"暂定类"容其栖身。

其实，这种情况任何一位读者都会遇到，一本书放在哪里都觉得不合适。此时，既不要搁置不管，也不要强行分类，最应该做的是对这类书做出注释，通过注释能清楚地知道自己对这本书有怎样的理解程度（见图3-10）。

A书注释	B书注释
• 阅读遍数：1遍 • 阅读记录：没记录 • 讨论情况：与好友讨论过一次 • 本书解读：对个体之于集体中的群体现象进行分析 • 倾向分类：社会心理学	• 阅读遍数：2遍 • 阅读记录：做简单记录 • 讨论情况：参加读书会讨论过一次 • 本书解读：阐述汉尼拔的性格对于其军事指挥方面的影响。 • 倾向分类：军事

图 3-10 对"暂定类"中书籍的注释

每个人对每一本书都有自己的理解，不能强求一致，看书的主体是我们，形成理解的主体也是我们，因此，只需要根据个人对书的理解将其列入自己认为正确的分类即可。或许日后会有更深入的理解，还可以将书移类，甚至多次移类。这不是善变，而是理解力的进步。

3.3.4 向《国际图书集成分类法》借经验

《国际图书集成分类法》主张按形式逻辑为图书进行分类，提出了图书分类的"级别律"。原书总结为五个级别，我们为了更好理解，简化为三个级别（见图3-11）：

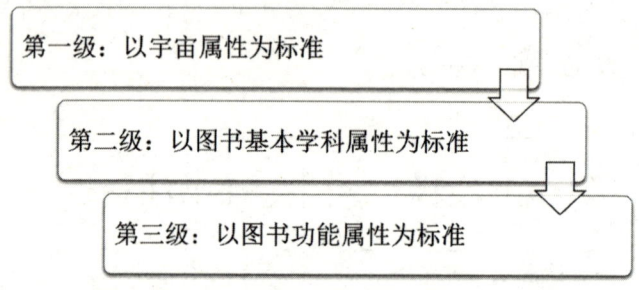

图 3-11 图书分类的"级别律"

其中：

（1）宇宙属性包括人文类图书和自然类图书。这是最大也最容易分辨的级别。

（2）基本学科属性见图3-12、图3-13。因为每个人的阅读具有方向性，可根据自己书籍的特性进行属性划分，有几个分支就列举几个分支。

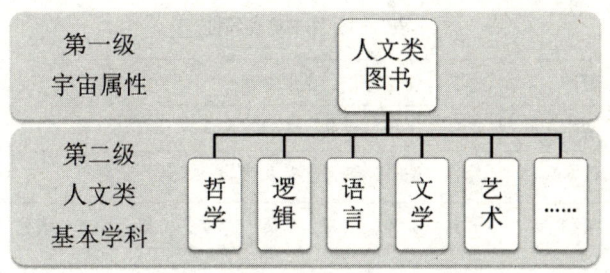

图 3-12　人文类图书按基本学科属性分类

通常在人文类基本学科中包括哲学、逻辑、语言、文学、艺术、宗教、心理、法律、教育、政治、军事、经济、管理、历史、民族、咨询、社会、体育等。

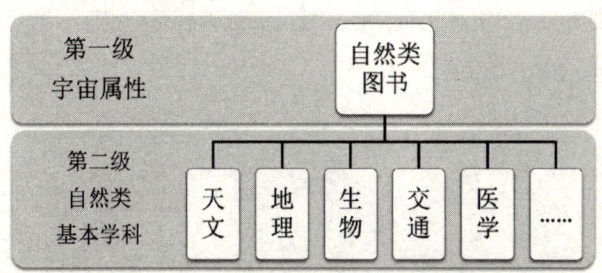

图 3-13　自然类图书按基本学科属性分类

通常在自然类基本学科中包括天文、地理、生物、交通、医学、环保、建筑、数学、物理、化学、机械、电信、能源、航天等。

一般在尚未对一本书进行详细阅读之前，能进行的分类只能到这一级别，无法再向下细分了。

（3）图书功能属性（见表3-1）：

表3-1 图书功能属性

著作	作品、理论著作、应用著述
学术	注释、评析、研究、考证、翻译
教学	教材、资料、讲义、普及读物、习题、试题
帮助	词典、百科、年鉴、手册、标准、文摘、类书、表谱

任何一本书,无论是什么学科都会有着上述四项中的其中一项。比如,现有几本法律类书籍——《民法学》《正义论》《法律学:法哲学与法律方法》《乡土中国》《论犯罪与刑罚》《历史深处的忧虑——近距离看美国》,要如何进行分类呢?

要先分清这几本书的功能属性(阅读理解是前提),然后再对号入座(见图3-14):

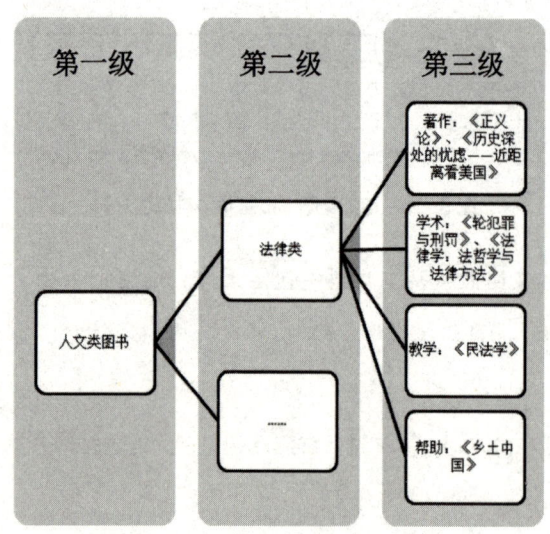

图3-14 法律类图书的功能属性划分

3.3.5 根据自己的阅读习惯分类

很多人因个人爱好的原因，会对某一个或某几个类别的图书进行大量阅读，从而造成了有些类别下面书籍稀少，有些类别下面书籍很多。对于这种情况，就要按照自己的阅读习惯，进一步对适合自己的图书详细分类。

比如，某人的文学类图书占据了书量的70%，即便分类之后摆在一起还是造成了局部"混乱"。那么可以按照如下几种方式进行细分：

按照地域划分：亚洲文学、欧洲文学、美洲文学等；

按照时间段划分：中国近代文学、中国古代文学、欧洲中世纪文学、欧洲现代文学等；

按照文学体裁划分：民间故事、诗歌、小说、童话、散文、回忆录等。

……

无论采用哪一种划分方式，如有需要都可以向下继续划分，比如，按照文学体裁划分，其中小说分支里的书最多，于是继续划分为：军事小说、科幻小说、推理小说、史传小说、演义小说，等等（见图3-15）。

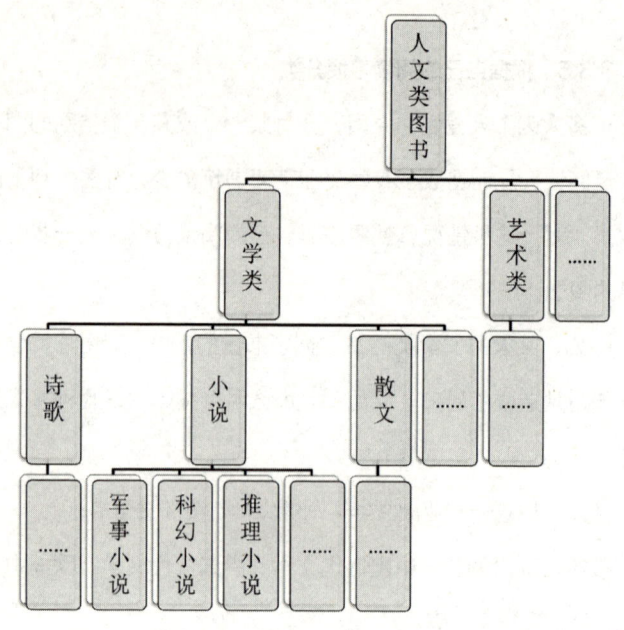

图 3-15　图书分类中的经典方式与个人方式的结合

此图中，上面两个级别是经典的图书分类方式，而下面两个级别则是根据自己的阅读习惯和图书现状做出的适应性改变。

总之，在向经典方法学习的同时，也要结合自己现有书籍的状态，创造一套适合自己的图书分类法，为自己的深度阅读历程打开一扇光彩之门。

3.4

"游牧阅读":在适合的环境里读合适的书

拿起一本自己感兴趣的书,然后窝在沙发里津津有味地看,这是很多阅读爱好者享有的幸福。但是,阅读不仅是一种愉悦,还应该形成产出的结果,就是要有所收获。要有所收获,就需要在阅读的过程中集中精力。所以比起轻松阅读,稍有些紧张感的阅读环境更能促进我们读有所获。

3.4.1 寻找能产生紧张感的地方

家不仅温馨舒适,还有着很多诱惑。因为有电视、有游戏机、有冰箱、有床铺,总之,都是能让人分散注意力,产生惰性的东西。

而图书馆、咖啡馆、电车,这类众目睽睽之下的环境则不会让人感到舒适,反而更容易引起人内心的紧张感。这种紧张感不是害怕,更不是恐惧,而是一种担忧。担忧自己在这种开放的环境中难以集中精神,于是这种担忧变成了实际行动中的专注——只需要短短的几分钟,就能进入聚精会神的状态。

当然,选择这类让自己产生紧张感的地方也不能够随随便便,也是需要一定的条件(见图3-16):

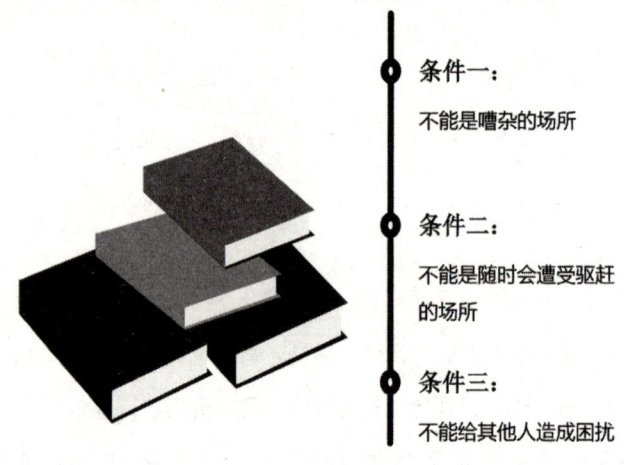

条件一:
不能是嘈杂的场所

条件二:
不能是随时会遭受驱赶的场所

条件三:
不能给其他人造成困扰

图3-16 选择让人产生紧张感环境的条件

3.4.2 室外还是室内,凭心情而定

对于走出家门之后的选择,其实有很多,可以是图书馆,可以是咖啡厅,可以是公园,可以是河边,可以是电车内,可以是桥洞下。我们可以分析出每一个不同场所的利弊,但是没有这个必要,很多时候凭心情选择就好。

以我为例,如果心情好,天气也好,我就去室外阅读,公园、河边是我的最爱。如果心情不怎么样,就去"安静系数"更好一些

的图书馆、咖啡厅。

究竟去哪里"游牧阅读",完全由自己的心情决定,所去的场所,区分起来就是室内和室外两种,所以什么情况下去哪里阅读,就交给心情做主吧!

3.5

用"左手慢动作"和"右手慢动作"提高阅读速度

"跟着我,左手,右手,一个慢动作,右手,左手,慢动作重播。"这是一句歌词,却恰好反映了我们这一节的主题,就是练习左手、右手慢动作,提高阅读速度。

听起来很古怪吗?下面我们就来解开这两种"阅读加速器"之谜。

在学习之前,需要提醒大家,最开始使用这两种"阅读加速器"时,你可能感到不太适应,不过随着练习的加强,你会感到越来越自如,越来越自信。

3.5.1 不断下降的专注力

我们总是更加精确地注意每一行左边的文字信息,而不是右边。这是因为我们从开始学习读书的那天起,就是从左边读到右边。而人的大脑总是在最开始的时候最具专注力,即便只是读一行文字这么短暂的时间，大脑的专注力也是有波动的：从左边到右边专注力越来越弱，然后读到下一行时，专注力再重新恢复（见图3-17）。但是，随着阅读的深入，一行一行读过之后，专注力会逐渐下降，这也是为什么我们要采用一定的方法来更好地提升专注力的原因。

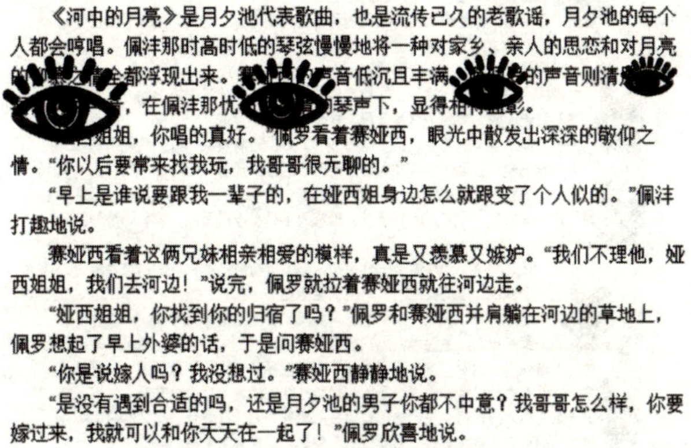

《河中的月亮》是月夕池代表歌曲，也是流传已久的老歌谣。月夕池的每个人都会哼唱。佩沣那时高时低的琴弦慢慢地将一种对家乡、亲人的思恋和对月亮的爱都浮现出来。赛娅西声音低沉且丰满，佩罗的声音则清亮，在佩沣那忧扬的琴声下，显得相得益彰。
"娅姐姐，你唱的真好。"佩罗看着赛娅西，眼光中散发出深深的敬仰之情。"你以后要常来找我玩，我哥哥很无聊的。"
"早上是谁说要跟我一辈子的，在娅西姐身边怎么就跟变了个人似的。"佩沣打趣地说。
赛娅西看着这俩兄妹相亲相爱的模样，真是又羡慕又嫉妒。"我们不理他，娅西姐姐，我们去河边！"说完，佩罗就拉着赛娅西就往河边走。
"娅西姐姐，你找到你的归宿了吗？"佩罗和赛娅西并肩躺在河边的草地上，佩罗想起了早上外婆的话，于是问赛娅西。
"你是说嫁人吗？我没想过。"赛娅西静静地说。
"是没有遇到合适的吗，还是月夕池的男子你都不中意？我哥哥怎么样，你要嫁过来，我就可以和你天天在一起了！"佩罗欣喜地说。

图 3-17　专注力的变化

如上图所示，每一行从左边开始读起时，专注力是高的，读到行尾专注力就下降了。（图中标注的眼睛从左至右，越来越小，表示专注力越来越弱。）

专注力下降，就会导致阅读速度和质量下降。为此我们要采用一种比较特殊的方法予以改进。

3.5.2　左手慢动作

"左手慢动作"能帮助你在横向阅读文章页面里每一行文字的同时，视线落到下一行的初始部分。你可以选择一本书的某一页来试验一下，左手的食指指着每一行的左边起始部分，当视线沿着这一行向后读时，手指顺着这一行的左端向下移动到下一行，当视线回来时会更快速地沿着手指的轨迹移动到下一行（见图3-18）。

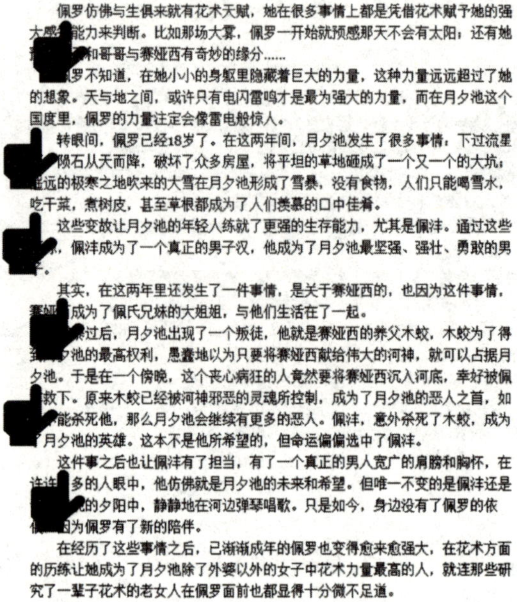
佩罗仿佛与生俱来就有花术天赋，她在很多事情上都是凭借花术赋予她的强大感能力来判断。比如那场大雪，佩罗一开始就预感那天不会有太阳；还有她和哥哥与赛娅西有奇妙的缘分……

罗不知道，在她小小的身躯里隐藏着巨大的力量，这种力量远远超过了她的想象。天与地之间，或许只有电闪雷鸣才是最为强大的力量，而在月夕池这个国度里，佩罗的力量注定会像雷电般惊人。

转眼间，佩罗已经18岁了。在这两年间，月夕池发生了很多事情：下过流星陨石从天而降，破坏了众多房屋，将平坦的草地砸成了一个又一个的大坑；遥远的极寒之地吹来的大雪在月夕池形成了雪暴，没有食物，人们只能喝雪水，吃干菜，煮树皮，甚至草根都成为了人们羡慕的口中佳肴。

这些变故让月夕池的年轻人练就了更强的生存能力，尤其是佩沣。通过这些，佩沣成为了一个真正的男子汉，他成为了月夕池最坚强、强壮、勇敢的男。

其实，在这两年里还发生了一件事情，是关于赛娅西的，也因为这件事情，赛娅成为了佩氏兄妹的大姐姐，与他们生活在了一起。

过后，月夕池出现了一个叛徒，他就是赛娅西的养父木蛟，木蛟为了得到夕池的最高权利，愚蠢地以为只要将赛娅西献给伟大的河神，就可以占据月夕池。于是在一个傍晚，这个丧心病狂的人竟然要将赛娅西沉入河底，幸好被佩救下。原来木蛟已经被河神邪恶的灵魂所控制，成为了月夕池的恶人之首，如能杀死他，那么月夕池会继续有更多的恶人。佩沣，意外杀死了木蛟，成为月夕池的英雄。这本不是他所希望的，但命运偏偏选中了佩沣。

这件事之后也让佩沣有了担当，有了一个真正的男人宽广的肩膀和胸怀，在许许多的人眼中，他仿佛就是月夕池的未来和希望。但唯一不变的是佩沣还是的夕阳中，静静地在河边弹琴唱歌。只是如今，身边没有了佩罗的依因为佩罗有了新的陪伴。

在经历了这些事情之后，已渐渐成年的佩罗也变得愈来愈强大，在花术方面的历练让她成为了月夕池除了外婆以外的女子中花术力量最高的人，就连那些研究了一辈子花术的老女人在佩罗面前也都显得十分微不足道。

图 3-18 “左手慢动作”阅读法

受图片大小所限，手指不能沿每行表示，只能做大概的展示。

起初你可能感觉不太适应，但练习多了，就会渐渐习惯这样做，然后尝试手指的移动速度加快，这样阅读的速度也就加快了。

3.5.3 右手慢动作

相对于“左手慢动作”，“右手慢动作”可能更加顺畅一些，毕竟大多数人的主力手是右手。具体的做法是，用右手食指指向每一行的右边结尾处，当读完一行到结尾时，手指顺着这一行的右端向下移动到下一行（见图3-19）。人体的肢体动作会给大脑传递信号，手指已经移动到下一行，眼睛就会加快阅读速度。与“左手慢动作”一样，这也是需要练习才能逐渐习惯的阅读方式。

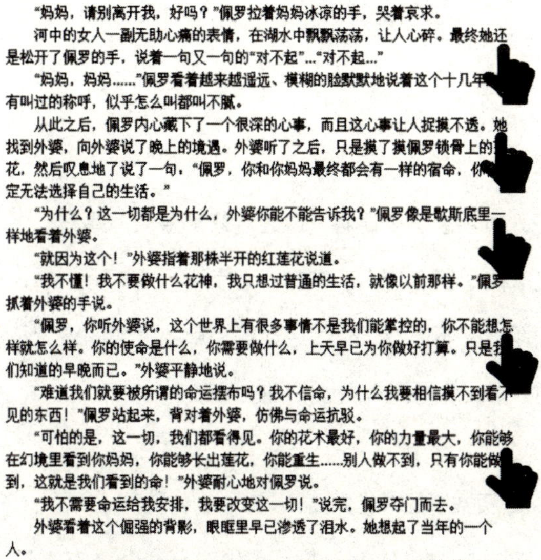

“妈妈，请别离开我，好吗？”佩罗拉着妈妈冰凉的手，哭着哀求。

河中的女人一副无助心痛的表情，在湖水中飘飘荡荡，让人心碎。最终她还是松开了佩罗的手，说着一句又一句的“对不起”...“对不起...”

“妈妈，妈妈……”佩罗看着越来越遥远、模糊的脸默默地说着这个十几年有叫过的称呼，似乎怎么叫都叫不腻。

从此之后，佩罗内心藏下了一个很深的心事，而且这心事让人捉摸不透。她找到外婆，向外婆说了晚上的境遇。外婆听了之后，只是摸了摸佩罗锁骨上的花，然后叹息地了说了一句，“佩罗，你和你妈妈最终都会有一样的宿命，你定无法选择自己的生活。”

“为什么？这一切都是为什么，外婆你能不能告诉我？”佩罗像是歇斯底里一样地看着外婆。

“就因为这个！”外婆指着那株半开的红莲花说道。

“我不懂！我不要做什么花神，我只想过普通的生活，就像以前那样。”佩罗抓着外婆的手说。

“佩罗，你听外婆说，这个世界上有很多事情不是我们能掌控的，你不能想怎样就怎么样。你的使命是什么，你需要做什么，上天早已为你做好打算。只是我们知道的早晚而已。”外婆平静地说。

“难道我们就要被所谓的命运摆布吗？我不信命，为什么我要相信摸不到看不见的东西！”佩罗站起来，背对着外婆，仿佛与命运抗驳。

“可怕的是，这一切，我们都看得见。你的花术最好，你的力量最大，你能够在幻境里看到你妈妈，你能够长出莲花，你能重生……别人做不到，只有你能做到，这就是我们看到的命！”外婆耐心地对佩罗说。

“我不需要命运给我安排，我要改变这一切！”说完，佩罗夺门而去。

外婆看着这个倔强的背影，眼眶里早已渗透了泪水。她想起了当年的一个人。

30年前，佩罗的外婆是赛格家族大小姐赛冰雪身边的侍女，赛冰雪从没拿她当下人，而是当做亲人一样对待，有什么事情都会和她分享。

图 3-19 “右手慢动作”阅读法

运用“右手慢动作”时有一点需要注意，就是段落的结尾不像起始处那么规则，结尾可以是整行的常规结尾，也可以一行只有几个字就结尾了。在用食指指向时，对于不是整行的行结尾要越过，直接指向满行的行结尾。

3.6

从名人的"薄书"开始读起

很多人对名家有个误解,以为名家都喜欢写厚书,以为厚书才能彰显名家的学识、能力。其实,名家不一定都写厚书,有些需要讨论的问题,并不需要长篇大论,短短篇幅就能阐述清楚;有些需要讲述的故事,篇幅简短更让人回味无穷。

3.6.1 页数少的书优先读

如果不是搞学术研究,只是单纯对一个领域有兴趣,或者只是喜欢阅读一些知名小说。我的经验是,读一个人的作品,先读这个人作品中篇幅短小的,然后慢慢再读篇幅较长的。即便是选择作家,也优先选择短篇写得较多、较成功的作家。

比如,我在阅读小说之初,总是优先选择杰克·伦敦和马克·吐温的作品。他们是优秀的中短篇小说作家。我还记得读的第一本杰克·伦敦的书是《野性的呼唤》,读的第一本马克·吐温的

书是《竞选州长》。虽然这两本不是他们写作的最短篇幅的书,但也是相对较短的了。

选择阅读一个作家篇幅较短的作品,一共有三个方面的好处(见图3-20):

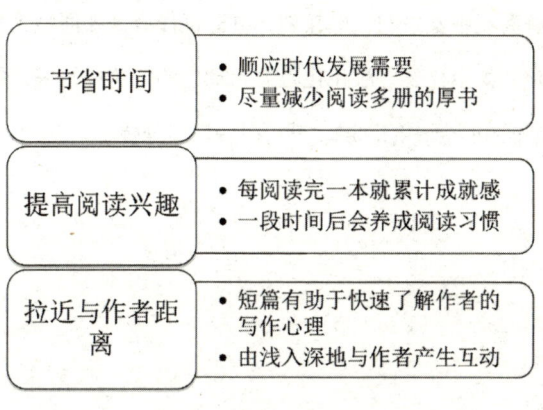

图3-20 阅读较短篇幅的作品的好处

3.6.2 难度低的"薄书"优先读

不是所有篇幅短的书都适合优先阅读,有些书虽然不厚,但内容很深,理解起来不是很容易。比如古斯塔夫·勒庞所著的《乌合之众:大众心理研究》就不厚,但是体现出来的内涵和智慧却是高深的,知识基础不够深厚的人并不适合阅读。

因此,日本作家丸谷才一在《思考的课堂》一书中建议读者,"不善于读书的人,请记住:要尽量降低阅读的门槛"。

尤其在商业类专业性书籍的选择上,要先阅读知识点较为浅显的，逐渐提高水准后再选择内容有深度、有难度的。

比如，阅读管理类书籍，我的一位朋友先阅读了本田创始人本田宗一郎的随笔集《我的想法》，又阅读了索尼原会长出井伸之的《犹豫与决断》。朋友的阅读目的很明确，先通过真实具体的商业案例了解商业中发生的一些教训，再验证作者是如何将这些教训通过理论化、体系化、方法化化阻力为动力的。这样一来，看似很难的经营常识和经营中的问题，就可以轻松地理解了。

第 4 章

基础 📖
用最短的时间认识一本书

SHENDUYUEDU

阅读一本书，
可以分为认识、了解、分析、
融汇等数个过程。
无论最终对书理解到怎样的程度，
最初都是由认识一本书开始的。
将书初步通读一遍，
等于与书建立了一面之缘，
这是深度阅读过程中的
基础阅读。

4.1

区分高效阅读与低效阅读的指标清单

阅读有高效和低效之分。高效阅读是每个人都希望达到的,既节约时间,又有助于理解。低效阅读就糟糕了,浪费了时间,还很难真正读懂作品。因此,凡是阅读的人都希望自己是高效阅读队伍中的一分子。那么,高效与低效的区分源自哪些指标呢?

下面,以表格的形式将高效阅读与低效阅读的指标进行对比(见表4-1)。比较一下左边栏目与右边栏目,看一看自己对应哪些高效指标,又对应哪些低效指标。

表4-1 高效阅读与低效阅读

高效阅读指标	是否对应	低效阅读指标	是否对应
阅读前进行评估		拿起来就读	
有鉴别性地阅读		什么都读	
经常阅读		不经常阅读	
喜欢阅读		不喜欢阅读	

感觉身心惬意		感觉疲惫	
使用不同的阅读速度		使用相同的阅读速度	
按照意群阅读		一次读一个词或一个字	
带着目的性阅读		没有目的性阅读	
宽视距		窄视距	
眼睛移动有节奏		眼睛移动不规则	
掌握大量表达法和字词		掌握的表达法和字词有限	
知识和阅历丰富		知识和阅历有限	

如果你认为自己的阅读速度偏快,就在高效的指示格内打勾;如果你认为自己的阅读速度偏慢,就在低效的指示格内打钩;如果你认为自己的阅读速度不快不慢,两者都占,就在高效与低效的指标内同时打钩。

这样的对比之后,就可以大致明白自己当下是高效阅读还是低效阅读,需要在哪些方面去改进提高。

4.2 略读，快速确定书的可读性

虽然我们买书的时候做过鉴别，但不能确保所有购得的书都是具有可读性的，因此要先用略读的方式进行判断，确定可读后才可以进行精读。

略读是一种有效的、快速的阅读方式，可以帮助阅读者最快速地了解文章的大意或中心思想，即有选择地阅读文章内容的某一些部分，以抓住文章的大概意思。这种抓大意的形式，主要目的就是为了快速确定一篇长文或者一本书是否具有可读性。因此，略读的目的是为了实现以下几个目的（见图4-1）：

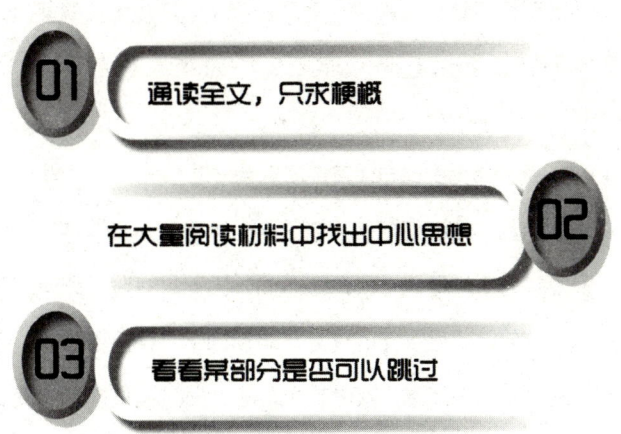

图 4-1 略读实现的阅读目的

4.2.1 以匀速读完首段或首节

虽然略读是一种鉴定书籍可读性的有效方式,但也不是任何类型的书籍都适用,比如非常专业性、学术性的书以及教材类、百科类书籍就不适用,再比如名著类、小说类的书籍也不适用。因为这样的书无法通过只读很小的一部分就判断出整体价值。

通常,非上述类型的书籍中,开篇会阐述该书所要讨论的核心问题或者是以反问的形式提出核心问题,这是判断一本书的价值很重要的部分。

比如,《疯传》这本书的开篇第一节是《为什么会掀起流行的浪潮》,很显然"流行"和"浪潮"与书名《疯传》形成了默契的配合,让读者一下子就明白了该书要阐述的重点。

上述类型的书籍，开篇往往只是概览、概述或正文的开始，没有太多实际价值，所以不能作为判断一本书的标准。

4.2.2 先读段落的首句或直接读最后一句

略读和预览类似，但两者也有区别。预览往往只读某一段落的首句，因为首句通常是这一段的主题句，因此很多时候即使不用读整段也能从首句中获得重要的信息。略读则不只读段落首句，因为不是所有段落首句都能提供有效帮助的，此时就应该向下阅读。具体的做法是，看向第二句，但只看一两个或几个词汇，然后眼睛快速向下扫视该段落的其他部分，搜索其中的关键信息。

如果读首句和向下扫过的信息中，不足以概括该段落的内容，那么，还有一种方式是读该段落的最后一句。

下面以《演说心理学》为例，进行具体展示（阅读黑体字部分）（见表4-2）：

表4-2 阅读段落首句和阅读段落末句

知识点	摘抄举例	出处
阅读段落首句	所以很多明星都与自己的同行喜结连理——最近人气爆棚的赵又廷和高圆圆、影帝影后组合梁朝伟和刘嘉玲、冯小刚和徐帆等；体育明星中的姜山和李娜、姚明和叶莉等；还有娱乐体育跨界组合贝克汉姆和维多利亚、NBA球星帕克与绝望主妇伊娃、曾经的网坛浪子阿加西与青春玉女波姬小丝等。网友统计，TVB有27对明星夫妻（约25%已成过去式）。	吸引力篇规则3：熟悉（与听众产生共鸣）——好处1：熟悉引发喜好

阅读段落首句及之后信息	熟悉让听众觉得演说内容是与自己相关的。心理学的另外一些研究发现，人们都喜欢与自己相关的事物。研究表明，我们不但喜欢自己名字里的字，还包括潜意识中与自己有关的人、地方和其他东西。弗吉尼亚海滩（Virginia Beach）有更多的人叫弗吉尼亚（Virginia），在圣路易（St. Louis）的人中，姓路易斯（Louis）的比率比全美姓该姓的比率高出49%。	吸引力篇 规则3：熟悉（与听众产生共鸣）——好处2：人们喜欢与自己相关的事物
阅读段落末句	在演说时引用生活中喜闻乐见的东西，可以增加亲切感。我经常会去不同的城市讲课，提前一天抵达讲课的城市变成了我的一个习惯，这不仅是在体验一个陌生城市的文化，更是在为第二天的课程准备素材。记得有次到厦门讲课，我本身是上海人，对口音虽然都能习惯，但是对于沿海城市的乡音，多少听起来还会有点忐忑。对方客户是一家当地很大的外贸公司，员工以本地人为主。于是为了让现场气氛更为活跃，我决定用当地的语言特色作为开场。	吸引力篇 规则3：熟悉（与听众产生共鸣）——如何收集让听众感觉熟悉的演说素材

4.3 设定阅读目的,提升阅读理解力

阅读中带有目的性,会有更多的作用(见图4-2):

加快阅读进度: 追求目的的过程,阅读速度自然提升。

减少阅读量: 目的性的阅读,往往不会全书细读。

阅读的过程保持一致: 围绕目的的阅读,有助于稳定阅读过程中的心态、观点、想法。

更快速解决问题: 带着解决问题的目的阅读,更容易找到解决的方法。

图4-2 带目的性的阅读的作用

4.3.1 设定要达成某种目的而阅读

阅读不是捧着一本书从头读到尾就可以了,这样只能算是完成任务,读过的书只是数量的堆积,无法产生质量的化学反应。因此,不能一味地为了阅读而阅读,而应该设定阅读的目的,然后瞄准这个目的,去寻找阅读的方法,设定阅读的时限,理解阅读的内容,运用阅读的方法(见图4-3)。

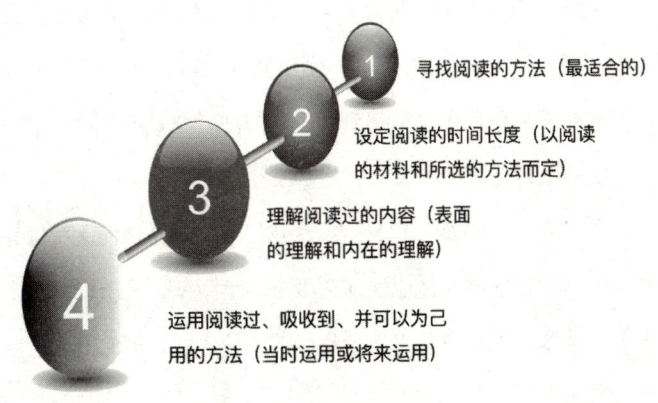

图 4-3 按目的阅读的流程

这样的流程只有建立在具有阅读目的的基础上。试想如果没有目的性,对于阅读方法的制定就成了走过场,阅读的时限也没有了具体的意义,理解阅读内容更容易被主观思想拽着走,运用阅读方法就只是空话而已。

为了避免这种情况的发生,我在阅读每一本书时都会设定目标。比如,在读《爱的教育》时,我的目的是要向优秀的教育理念取经,看看教育中怎样做才是真正的爱。带着这个目的,我用了改变立场的阅读方式，我不是从成年人的角度去看这本书，而是以孩子的心态去看，想一想自己作为孩子需要得到怎样的关爱。这样就更能理解书中人物之间的亲情关系和如何真心地爱家庭中的每一个人。

4.3.2 以寻找现实问题的解决方法为阅读的目的

我们如此重视阅读，是为了什么？不仅仅是为了提高个人修养和见识，还是为了增强自己为人处世的信心和解决问题的能力。一个人不可能遇到任何事都能想到解决的方法，总是要有些提示或者帮助才能更从容地面对。

一位朋友因为婚姻不顺影响了企业经营，很是烦恼。我推荐他看戴尔·卡耐基的书。他说他知道戴尔·卡耐基，是一位沟通方面的大师。我跟他说："戴尔·卡耐基很了解人性，他的书能让你静下来思考人生。"

于是，《人性的弱点》和《如何停止忧虑，开创人生》摆在了他的书桌上。三个月后，他结束了不顺的婚姻，带着解脱的心情重新上路。后来他告诉我，虽然那样做会让公司发展暂停一阵，但摆脱困扰、重新上路，公司经营才会重回正轨，卡耐基在书中告诉我们，"精神振作的商人，除了有小心谨慎的习惯之外，还得要有敏捷和不因循两种长处"。

4.4 每日练习"千字文"快速阅读法

所谓"千字文"阅读,是指每天找出一千字左右的小文章或者文章的一部分,在静心的状态下阅读。

因为我们要练习高效阅读,所以对阅读速度是有要求的。很多人阅读都有一个习惯,就是非常认真,每个字都要确信看到,如果漏读了就要返回去重新看。这样的阅读无疑非常耗时,尤其是在初读某本书时。这样的"抠字"式阅读,精力耗费在搜集未读字眼儿上,而不专注于书籍内容,会造成读了后边忘记前边的情况,非常低效。

正因如此,我们要提升阅读的速度,慢慢锻炼自己能在快速阅读的同时更好地理解书籍内容。

4.4.1 记录时间阅读

在阅读之前,准备好计时器,放在身边,开始阅读一篇千字左右的文章。读完之后看一看自己用了多少时间。要记录确切，_____分_____秒。

如此每天进行，经过不断练习，阅读的速度自会逐步提高，不过有三个问题需要注意（见图4-4）：

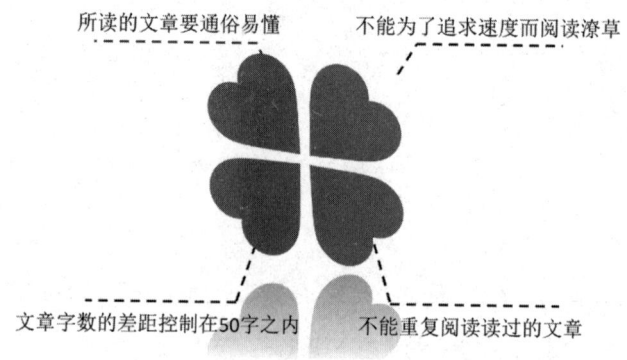

图4-4 练习"千字文"阅读法需要注意的问题

4.4.2 记录每分钟阅读的字数

不仅要记录阅读一篇文章的总用时，还要记录每分钟的阅读字数。我们记录的总用时是有零头的，就像2分47秒，3分31秒，但在计算每分钟阅读字数时，要以"10秒"为基础单位，进行四舍五入。例如，你阅读文章用了3分52秒，在四舍五入之后，记录的时间应是3分50秒。如果你阅读文章用了3分38秒，在四舍五入之后，记录的时间应是3分40秒。

之所以要这样记录，是为了方便下一步计算出具体每分钟的阅读字数。下表为阅读分钟数查看表（见表4-3）。

表 4-3 阅读分钟数查看表

阅读时间	分钟数	阅读时间	分钟数	阅读时间	分钟数
10 秒	0.17	1 分 50 秒	1.83	3 分 30 秒	3.50
20 秒	0.34	2 分	2.00	3 分 40 秒	3.67
30 秒	0.50	2 分 10 秒	2.17	3 分 50 秒	3.83
40 秒	0.67	2 分 20 秒	2.34	4 分	4.00
50 秒	0.83	2 分 30 秒	2.50	4 分 10 秒	4.17
1 分	1.00	2 分 40 秒	2.67	4 分 20 秒	4.34
1 分 10 秒	1.17	2 分 50 秒	2.83	4 分 30 秒	4.50
1 分 20 秒	1.34	3 分	3.00	4 分 40 秒	4.67
1 分 30 秒	1.50	3 分 10 秒	3.17	4 分 50 秒	4.83
1 分 40 秒	1.67	3 分 20 秒	3.34	5 分	5.00

首先找出阅读时间对应的数字。比如阅读时间为3分42秒，四舍五入之后是3分40秒，对应表4-3中的数字是3.67。然后再将阅读文章的字数除以阅读的分钟数。比如全文一共1018个字，用1018除以3.67，就得出了每分钟阅读的字数（见图4-5）。

阅读文章的字数　÷　阅读所用时间　＝　每分钟阅读文章的字数

图 4-5　计算每分钟阅读字数的公式

为什么要计算出每分钟阅读的字数呢？因为每分钟阅读的字数说明了目前你是一个什么样的阅读者。下表能让你快速了解自己在阅读方面所处的位置（见表4-4）。

表4-4　每分钟阅读字数反映阅读者的阅读能力层次

每分钟的阅读字数	可能是一个什么样的阅读者
100～200个字	慢速阅读者
200～300个字	普通阅读者
300～400个字	优秀阅读者
400～500个字	卓越阅读者

4.5 搜集更多背景知识

一本书在写作的过程中,会掺杂着许多信息,包括作者本人的基本信息、诱发创作的原因、写作过程中作者的心情状态、成书过程中发生的事情,这些因素共同组成了一本书的背景知识(见图4-6)。

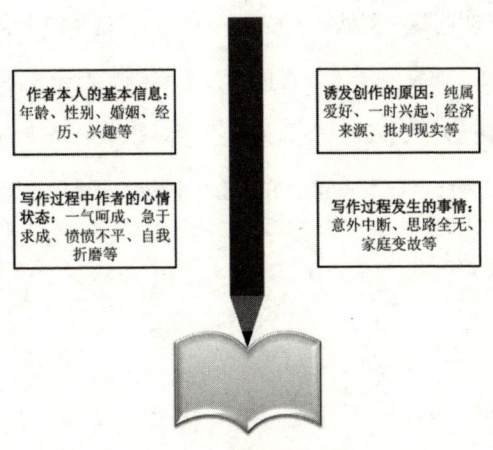

图 4-6 一本书隐藏的背景知识

那么，要如何搜集到这些背景知识呢？

4.5.1 通过各种渠道搜集成书过程中的信息

过去想要了解一位作者的信息或者作者写作过程中发生了什么，是很不容易的事，需要利用上各种渠道。如果是位名气比较大的作家，情况还好些，报纸上的介绍、传记类书籍或相关的介绍文章，都可以找到我们想要的资料。但是，如果是一位文坛新人，情况就麻烦很多了，因为相关的介绍相当少。

如今，情况就好了很多——上网利用搜索引擎，想要了解任何信息都不难搜到，而且还会得到很多附带的信息。不过，面对海量信息，需要我们提高辨析能力，不能什么信息都相信。

比如，我在网上找《魔戒》的作者及相关资料。我想知道作者是个怎样的人，为什么能写出如此引人入胜的魔幻作品。搜索得知：作者名叫约翰·罗纳德·瑞尔·托尔金，是牛津大学的古英语学家、教授、作家、诗人。在网络上，看到了对于托尔金写《魔戒》和《霍比特人》的一些介绍，多少对托尔金为什么要写这两部作品、又为什么能写得这么好，有了初步的了解（见图4-7、图4-8）。

托尔金在二战前就开始写魔戒，1937年开始动笔，1949年结束。说魔戒没受二战影响肯定离谱，但二战的时候托尔金是在牛津一边写作一边做防空引导员，这些经历对于魔戒一书，绝非主要影响

对托尔金来说，对他影响最大的，是第一次世界大战。当时刚毕业的他与三个最要好的同学（他们四人曾经一起组织了个叫TSBS的协会）一起参军。托尔金本人参加了著名的索姆河战役，因为战壕热而被送回国治疗，但是他三个朋友中死了两个，其中一个叫GB·史密斯的在战死前几天给托尔金写了他最后一封信，史密斯表达了对他们四人中第一战死的罗布·吉尔森的伤感，同时他深信，"幸存者，那些活着并周身完整地走出战场的人，应该代表他们全体继续TCBS成员们如烈焰一般的激情，说出死者未能说出的话，创造、展现使他们全体都将引以为傲的成就。"

这封信深刻地影响了托尔金，史密斯阵亡后，这封信的意义更加重大。接到信几天后，托尔金就开始整理出他个人的史诗的初步资料，一切都是为TCBS，为罗布·吉尔森和史密斯而做的。

图 4-7　网上介绍《魔戒》成书原因

托尔金儿子则说，《霍比特人》中的故事是父亲在喝过晚茶的冬季读书会上最先讲出来的。1917年，托尔金的长子出生，此后又有三个孩子降临。孩子们对听故事这件事都很着迷。在孩子们小的时候，每年的圣诞节都会收到来信，每一年都会有新角色登场，圣诞老人、北极熊、雪人、精灵……它们在信里讲述着在北极的冒险和不测。当然这些信件都出自托尔金之手。
托尔金的二子迈克尔还记得那场景。"有一次，父亲说他准备跟我们讲一个很长的故事，关于一个长着毛茸茸双脚的小东西，然后问我们该给这个小家伙起个什么名字——随后他自己回答道：'我想我们就叫他霍比特人吧。'"

图 4-8　网上介绍《霍比特人》成书原因

4.5.2　通过阅读发现书中隐藏的作者要表达的情绪

每一本书都是由人执笔完成的。既然是人写的，就一定会附带着个人的一些情感在里边，这些情感可以帮助我们了解作者创作的心境和创作的过程。

比如，我在读威廉·萨默塞特·毛姆所著的《月亮与六便士》时，看到这样一段文字（见表4-5）：

表4-5 通过一段文字了解毛姆著《月亮与六便士》的背景

摘抄举例	出处
作为一个艺术家，他的生活比其他任何艺术家都更困苦。他工作得比其他艺术家也更艰苦。大多数人认为会把生活装点得更加优雅、美丽的那些东西，思特里克兰德是不屑一顾的。对于名和利他都无动于衷。我们大多数人受不住各种引诱，总要对世俗人情做一些让步；你却无法赞扬思特里克兰德抵拒得住这些诱惑，因为对他说来，这种诱惑是根本不存在的。他的脑子里从来没有想到要做任何妥协、让步。他住在巴黎，比住在底比斯沙漠的隐士生活还要孤独。对于别的人他没有任何要求，只求人家别打扰他。他一心一意追求自己的目标，为了达到这个目的他不仅甘愿牺牲自己（这一点很多人还是能做到的），而且就是牺牲别人也在所不惜。他自己有一个幻境。 　　思特里克兰德是个惹人嫌的人，但是尽管如此，我还是认为他是一个伟大的人。	第四十三章

　　作家毛姆是非常欣赏他创作出的这个人物（思特里克兰德）的，认为在他身上有一种无畏的精神。因为毛姆自身因幼年口吃备受欺凌，导致成年以后性格孤僻、内向、敏感。他渴望能不在乎一切周围世俗之人，能够远离周围的环境，能够痛快地反抗。这些思特里克兰德都替他做到了。

　　我在看这本书时，随着毛姆笔下各种对思特里克兰德的评价，也渐渐了解了毛姆写这本书的初衷。

半小时就能掌握的"共振阅读法"

何为共振,就是在短时间内两个原本没交集的东西产生了内在或外在的共鸣。内在共振可以理解为心理上的共鸣,外在的共振就是现实世界实物之间发生了同频效应。

如果将共振运用到阅读上,就是内在的共鸣,还可以用一个词来形容——"心流",这是心理学中一种人们在专注进行某行为时所表现的心理状态。

其实,所谓的"共振阅读法"就是阅读者自己与作者所写的书之间产生了心理上的共鸣,进而完全陷入进去,形成了精力全投入的心流状态。

那么,"共振阅读法"具体是怎样的呢?

4.6.1 在接触到书的一瞬间,身体就能获得能量

如果我告诉大家,我们的身体在0.1秒的时间内就能完成"阅

读",你是否相信?

听起来,这是件相当玄幻的事情,但是现实就是这样的,在拿到书的一瞬间,我们的身体就已经能了解这本书的本质了。也就是说,在眼睛未接触到书页之前,我们的身体抢先一步掌握了这本书的内容。

也许你不相信(其实以前我也不相信),对于"身体在接触到物体的阶段,就能了解其本质"这件事,我们来看看美国通俗文学领域的代表性作家丹尼尔·斯蒂尔怎么说(见图4-9):

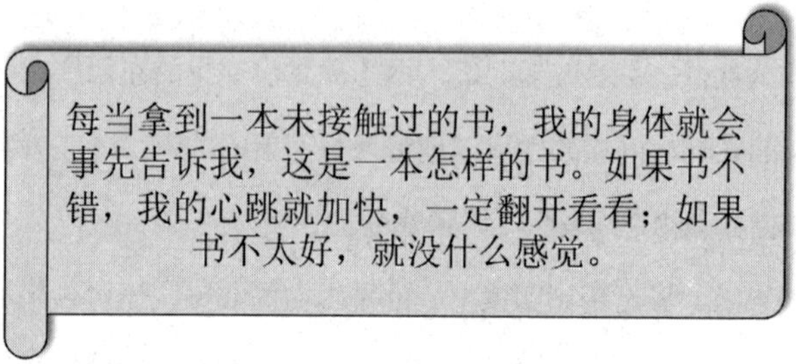

> 每当拿到一本未接触过的书,我的身体就会事先告诉我,这是一本怎样的书。如果书不错,我的心跳就加快,一定翻开看看;如果书不太好,就没什么感觉。

图4-9 名家谈身体对书的感觉反应

在看了这句话之后,我回想自己看书的过程,还真的是这样。比如在读大学期间,第一次拿到《万能管家吉夫斯》,当即大脑火花闪现——这绝对是一本好书!

我还能差不多判断出故事的主线,这应该是一位豪门管家如何帮助豪门大户或者是其中的某个人顺利克服磨难的故事,而且从封面的感觉来看,这是一本喜剧风格的书。当判断出这些之后,我更加迫不及待地要去读了。这是不是很让人惊讶?其实,这样的感觉

在一个阅读人的生活中,会经常性地出现。

4.6.2 无论多快地翻书,大脑都会留下信息

在讨论"共振阅读法"之前,我们先做一个实验。实验分为三步:

第一步,用一分钟的时间翻阅一本从未阅读过的书(为了增加实验效果,建议不要拿很厚的书)。

第二步,用一分钟翻阅这本书。

第三步,再用一分钟翻阅这本书(还可以进行第四遍、第五遍,但不要超过五遍)。

注意:翻书的速度一定要快,还一定要翻完,但不能是只翻不看。当翻书足够快速时,能听见翻书的声音,但看不清书中的文字。

为什么要这么做?这么做有什么好处吗?总结出如下四点(见图4-10):

图4-10 快速翻阅书籍的好处

其实，无论我们多快地翻书，大脑都会快速留下一定的信息，这是大脑的"潜意识效应"在发挥作用。对比常规的有意识地去看书收集信息，这种无意识地收集信息，往往更有效果。因为大脑有记忆渴望，希望将见到的知识存储进去，快速地翻阅即激发了大脑的"无意识存储"功能。

为了能更多记住看到的信息，大脑需要几何倍增提升处理效率和记忆功能。

丹麦科学记者托尔·诺里特朗德在其所著的《使用者的幻觉》一书中，第一次科学性地提及了大脑在"有意识"和"无意识"状态下处理信息的速度。其中，大脑在"有意识"状态下每秒有40比特的处理速度，但在"无意识"状态下处理速度达到了无法想象的1100万比特。

令人震惊的27.5万倍的差距来自哪里？

"有意识"状态下，只有眼睛和大脑在互动，因为"意识"通知大脑："我只需要这两种感官器官就可以了"。但"无意识"状态下，大脑却调动了所有感官器官一同进行信息处理。差距就在调用感官器官的数量上。毫无疑问，参与处理的"盟友"越多，处理的速度就会越快。

4.6.3 在眼球保持不动的情况下，从后向前快速翻阅

曾经在日本掀起速度热潮的"Photo Reading"，提到一个匪夷所思的方法——从后向前翻阅。

这个方法在刚施行之时，是受人排斥的，理由很简单：顺序阅读都难以快速记住书中的内容，现在让颠倒过来，不是开玩笑吗？

提倡该方法的老师薇薇安·塔雷说："这是为了更充分地调动大脑与各感觉器官的联系。不要认为颠倒过来，大脑就理解不了。大脑时刻都在想办法与书形成'共振关系'。当这种关系建立之后，颠倒阅读不会影响我们的理解，还会对大脑起到进一步开发的作用。"

事实的确如塔雷老师说的这样。在项目进行了一个月之后，测试学员对颠倒快速阅读书籍内容的理解程度，分数超过了正向快速阅读者。

4.7 手部姿态助力阅读提速

几乎所有人都认为读书只是眼睛的事情，因为读书需要"看"，眼睛是人体唯一的视觉器官。但是，只靠眼睛就可以将阅读做好吗？显然不是。眼睛能否给力，还要看"辅助工具"是否起作用。这里所说的"辅助工具"，包括手。

手（准确说是手指）除了拿书、翻书外，还可以起到提高阅读速度的作用。上一章第五节，我们讨论了"左手慢动作"和"右手慢动作"帮助我们消除阅读障碍。本节我们讨论运用双手手指提升阅读速度。

4.7.1 双手并用

双手并用阅读法要使用的不是整个手部，而是双手的食指，用来帮助阅读者集中注意力，加快阅读进度。

将注意力集中到正在读的那行文字上，同时手部的移动可以引

导你向下阅读。具体的方式是（见图4-11）：

第一步：读前准备	将书页平放于桌面上	双手必须空无一物
第二步：双手位置	左手食指对准一行文字的开头	右手食指对准同一行文字的末尾
第三步：阅读过程	从左到右，再从右到左快速移动视线	慢慢地、不停地向下挪动双手指到下一行的左右两端

图 4-11　双手并用的操作过程

当你对该方法的运用越来越熟练时，手指的移动就可以更加快速，阅读也会更加快速（见图4-12）。

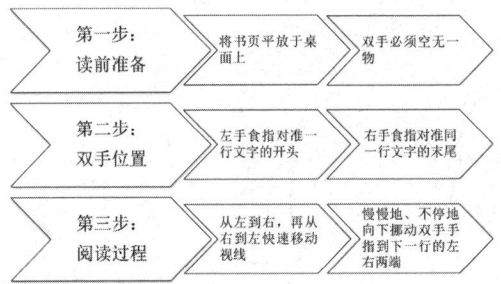

图 4-12　双手并用阅读法

4.7.2　大拇指法

大拇指法可以理解成"阅读定速装置"，也是为阅读提速的。可以分为两种形式：一种是"大拇指向下"，另一种是"大拇指横过"。

第一种：大拇指向下。具体方式如下（见图4-13）：

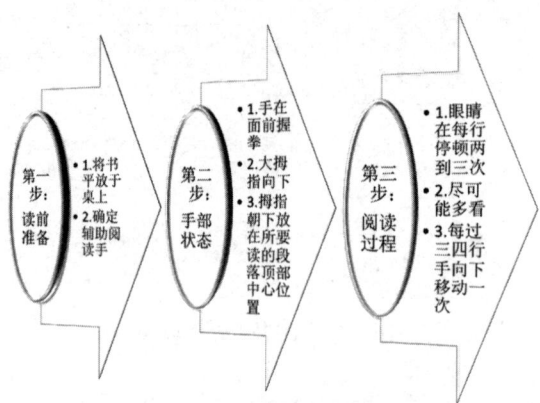

图4-13 "大拇指向下"的操作过程

为了更好地理解该方法的手部姿势，我们以图片形式呈现（见图4-14、图4-15）：

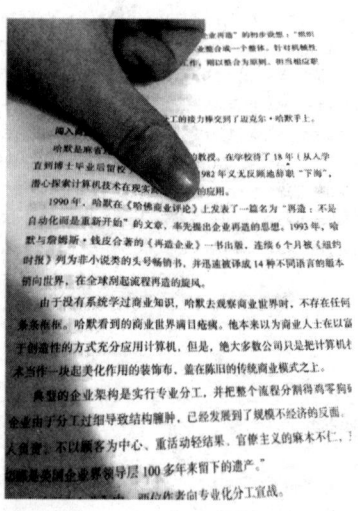

图4-14 "大拇指向下"阅读法（一）

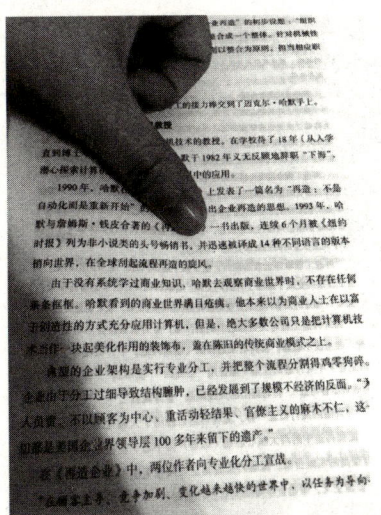

图 4-15 "大拇指向下"阅读法（二）

第二种：大拇指横过。具体方式如下（见图4-16）：

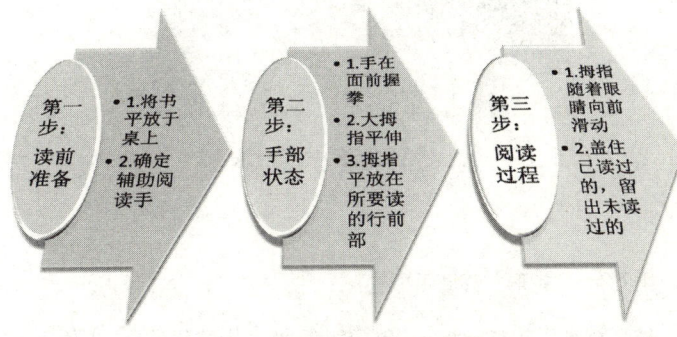

图 4-16 "大拇指横过"的操作过程

为了更好地理解该方法的手部姿势，我们以图片形式呈现（见图4-17、图4-18）：

图 4-17　"大拇指横过"阅读法（一）

图 4-18　"大拇指横过"阅读法（二）

4.7.3　"蛇形"移动手指法

蛇形移动手指是一种形象的比喻，将手指的移动轨迹比作蛇行走的样子，目的也是提高阅读速度，更适用于页面篇幅较窄的书。比如稻盛和夫所著的《干法》，32开本的书，本来就属于小书，文章页面中两侧还有宽留白，文字版面较常规书籍窄近一半。我们就

以这本书为例,看看手指在书上如何做蛇形移动(见图4-19、图4-20)。

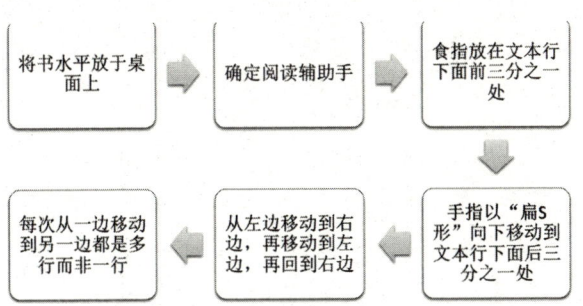

图4-19 "蛇形"移动手指法的操作过程

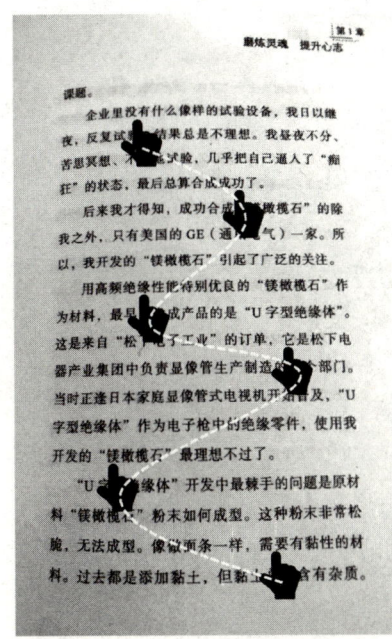

图4-20 "蛇形"移动手指法阅读

第 5 章

检视
阅读找重点，重点去阅读

在基础阅读之后，
就是检视阅读，
这是深度阅读非常关键的一步，
也是决定深度阅读质量的一步。
能否检视出书中重点，
能否对重点进行正确阅读，
能否在重点阅读的基础上
再次找到重点，
是本章要解决的问题。

5.1 有系统地切换精读与泛读

我们经常听到一句话,"要认真读书"。这个建议是正确的,阅读从来都应该是专心致志去完成的。但是如何才算认真呢?也就是认真的程度应该怎样界定呢?这是个很难回答的问题,因为没有具体的考核标准。

很多人认为"认真"就是将书中的每一个字都读到,如有遗漏,就倒回去重读。

我只能说,这不是认真,这是强迫症的表现。

真正的认真阅读,不是要求一字不落,而是要边读边理解。该精读的地方就要反反复复地读,至于要读多少遍,取决于个人理解能力和内心想法;该泛读的地方只要了解内容大体意思即可;能忽略的地方就忽略,因为除非极其经典的书,几乎都有不必要读的部分。

综上所述,读书要分为精读、泛读、忽略三种情况(见图5-1)。

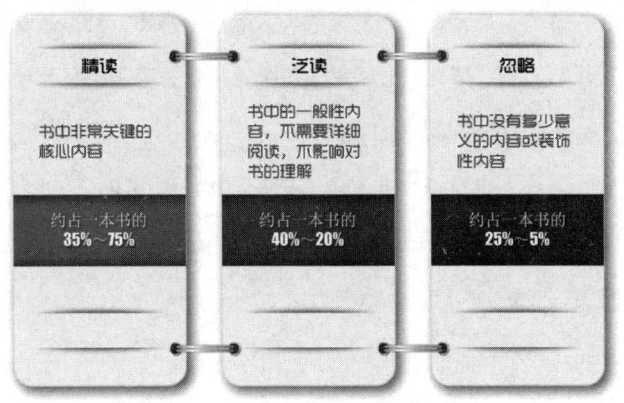

图 5-1 读书的几种情况

通常一本好书值得精读的部分至少会占据全书的一半,甚至会占到四分之三,一本一般的书,往往只能占到三分之一。而一本书的内容质量越高,泛读和忽略的比例越小;内容质量越低,泛读和忽略的比例越大。

5.1.1 书中的核心部分必须精读

每本书都有核心部分,尤其是那些好书,核心部分更是精彩重要,绝对不能错过。因为一旦错过了这样的部分,哪怕只错过了其中的某个细节,对整本书的理解都会出现问题。

比如《三国演义》,有人统计过,82%都是应该精读的。其中,堪称核心中的核心部分就是赤壁鏖战,仅仅一个战役,写作的篇幅却占据了整部著作的六分之一,而《三国演义》里有大大小小几十次战役。

有人认为,从"第三十四回蔡夫人隔屏听密语,刘皇叔跃马过檀溪"开始,到"第五十七回采桑口卧龙吊孝,耒阳县凤雏理事"结束,都是有关赤壁鏖战的内容。

有人认为,赤壁鏖战应该从"第三十九回荆州城公子三求计,博望坡军师初用兵"开始,到"第五十回诸葛亮智算华容,关云长义释曹操"结束。

究竟哪种观点正确呢?

可以问几个问题:曹操大军为什么直接同刘备的人马交火了?诸葛亮是怎样到刘备帐下的?荆州发生了什么变故,导致刘备携民渡江、赵子龙单骑救主?曹操败回南郡后,又发生了什么?荆州的将来归属了哪家(见图5-2)?

这些疑问都与赤壁鏖战相关,要么是战前铺垫,要么是战后影响,只有了解了相关的所有内容,才能真正了解赤壁鏖战的始末缘由。

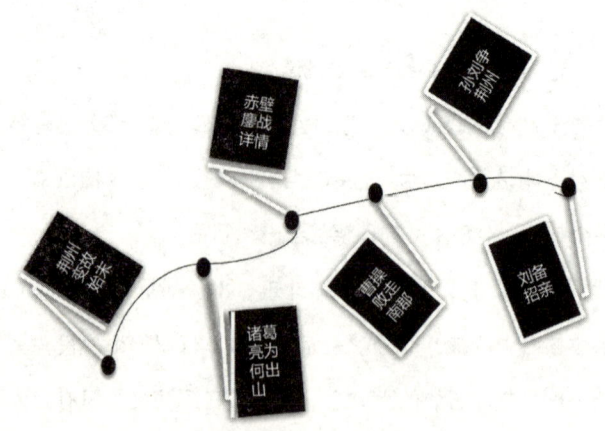

图5-2 《三国演义》中赤壁鏖战的前因后果

上图只是罗列了与赤壁鏖战有关的部分情节,《三国演义》呈现赤壁鏖战全貌,足足用了24回内容,可见其是本书的绝对精髓所在。

因此,在阅读《三国演义》时,特别是在阅读到赤壁鏖战这部分时,一定要精读、读懂、读透。

5.1.2 非核心的部分可以泛读

除了极少数非常学术或专业性的书籍外,其他的书籍几乎都存在非核心的部分。因此,要懂得筛查出哪些部分是非核心,这部分内容就可以泛读。

《三国演义》虽是名著,但其中仍有一些回目是可以泛读的,比如"第十三回李傕郭汜大交兵,杨奉董承双救驾"、"第二十三回祢正平裸衣骂贼,吉太医下毒遭刑"、"第六十九回卜周易管辂知机,讨汉贼五臣死节"……还有些回目一半可细读,一半可泛读,比如第六十二回后半部分"攻雒城黄魏争功",第六十八回后半部分"左慈掷杯戏曹操",第一百零六回前半部分"公孙渊兵败死襄平"……

对于应该泛读的地方,绝不能有以下两种心态(见图5-3):

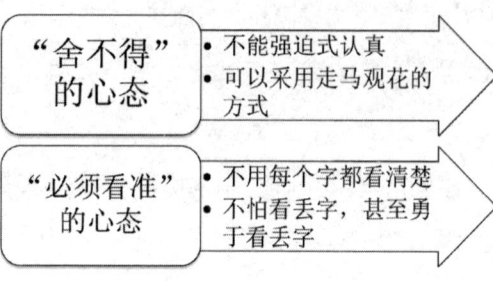

图 5-3　泛读不该有的两种心态

每个人的时间都是宝贵的,如果不懂得"断舍离",时间会被无谓消耗。所以,认真应该用在该认真的地方,价值大的地方就认真精读,价值小的地方就普通泛读。

扩展你的"视距金字塔"

我们用眼睛看书时,眼睛不是盯住页面不动,而是"追逐"着字词不断滑动。说是滑动,其实更精确的描述应是停下和跳跃。

人体生物学科学家做过相关测试实验,证明了人的眼睛在阅读时,每秒钟会停下和跳动四次。这是非常高的频率,所以阅读者自己往往很难发现,但如果有一个协助者从旁观察,就能发现阅读者眼部的变化。

眼睛在阅读的过程中有些像打字机,在一条平行线上快速左右移动,就像打字机的小小针头在一条直线上快速打字一样。在阅读者读完一行进入到下一行时,甚至能够想象到打印纸换行时发出的"嗒嗒"声。

5.2.1 宽视距和窄视距

我们已经知道,人的眼睛大约每四分之一秒切换一次停止和跳动。而只有当眼睛停下时，才进入到阅读状态，得以获取信息。若是在跳动时，那是在向下一个字符（汉字、单词）移动。因此，每次跳跃都是从上一次停顿到下一次停顿，而在眼睛停下时与书之间的距离就是视距，此时眼睛能看到的最大范围就是视距范围。

视距有宽视距和窄视距的区分。宽视距比窄视距的阅读面积更大，视距越宽阅读面积越大，阅读效率越高，反之则阅读效率越低。因此，应该训练自己的眼睛，争取让视距不断增宽。

当然，视距不可能无限拓宽，总会有极限。我们的目标就是将自己的视距拓展到极限。

下面，通过两张图看看宽视距和窄视距的对比（见图5-4、图5-5）：

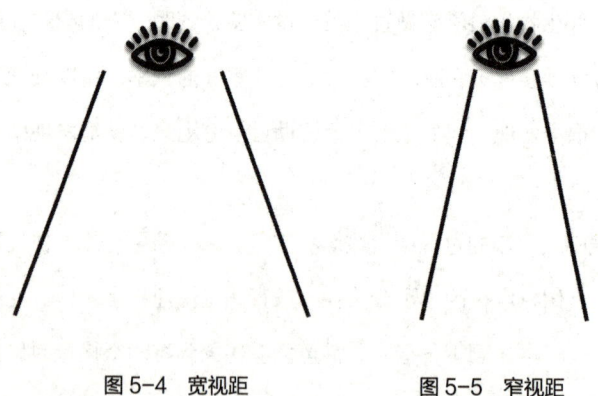

图5-4　宽视距　　　　图5-5　窄视距

正因为每个人的视距各有不同，所以要找到每个人的基础视距，并在此基础上不断拓宽视距。毕竟视距越宽，阅读的速度就越快，在需要泛读的时候，宽视距就能帮我们节省时间。

5.2.2 找到视距范围临界点

因为周围视野的存在,我们在看景物的时候,不会只聚焦于眼前的一小片范围,左右两边也是可以看到的范围,甚至"余光"部分也能看到一二。尽管外围的部分看不清楚,但是中间的部分——眼睛垂直看到的部分,是非常清晰的,左右两边的部分也会在需要时转动眼球而尽收眼底(见图5-6)。

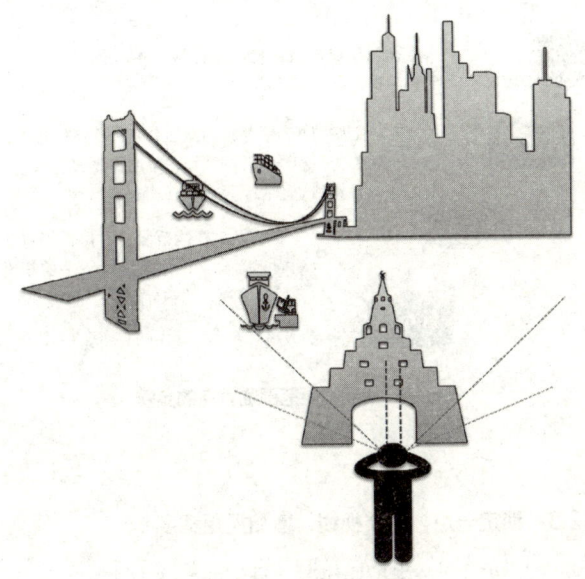

图5-6 周围视野

上图中,中间垂直的两条虚线是人的中间视野,也叫垂直视野,是观察最清楚的视野;向外扩张的两条虚线是周围视野,观看得不是很清楚,但可以随时提醒大脑调整聚焦点;最外边的两条扩展虚线是余光视野,也是周围视野的一种,这种角度的观看只是将模糊影像收入脑中，并不能看清楚，但可以在紧急时刻提醒大脑做出应对。

每个人的视距范围都不相同，所以必须要先确定自己的视距范围有多宽。确定视距范围就必须要确定视距范围临界点，也就是眼睛能看到的最远边界。可以通过以下四步完成（见图5-7）：

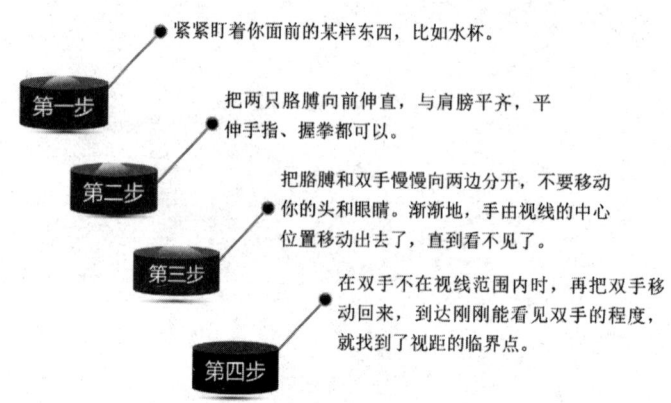

图 5-7　找到视距范围临界点的步骤

5.2.3　锁定一点，扩展视线，增加视距宽度

这个方法也叫"分指扩展法"，具体的操作方式如下：

首先，选中一页内容，在其中任意选择一个字（最好是周围文字比较多），在该字的左边和右边分别放一个手指（见图5-8）。

我们节选故事"程门立雪"，其中"杨时和游酢"中的"时"字为盯住字：

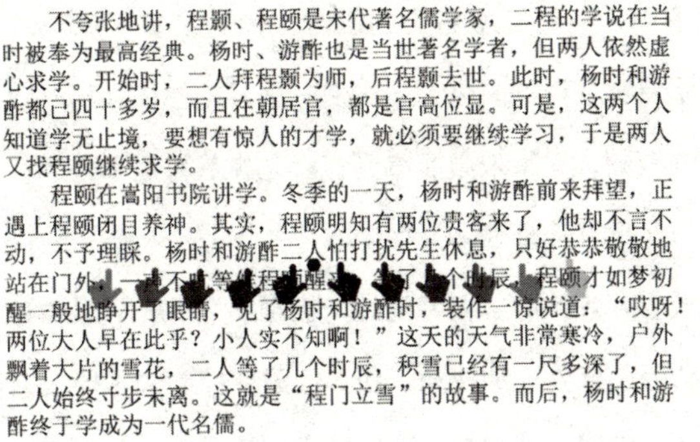

不夸张地讲，程颢、程颐是宋代著名儒学家，二程的学说在当时被奉为最高经典。杨时、游酢也是当世著名学者，但两人依然虚心求学。开始时，二人拜程颢为师，后程颢去世。此时，杨时和游酢都已四十多岁，而且在朝居官，都是官高位显。可是，这两个人知道学无止境，要想有惊人的才学，就必须要继续学习，于是两人又找程颐继续求学。

程颐在嵩阳书院讲学。冬季的一天，杨时和游酢前来拜望，正遇上程颐闭目养神。其实，程颐明知有两位贵客来了，他却不言不动，不予理睬。杨时和游酢二人怕打扰先生休息，只好恭恭敬敬地站在门外，一声不吭等候程颐。等了几个时辰，程颐才如梦初醒一般地睁开了眼睛，见了杨时和游酢时，装作一惊说道："哎呀！两位大人早在此乎？小人实不知啊！"这天的天气非常寒冷，户外飘着大片的雪花，二人等了几个时辰，积雪已经有一尺多深了，但二人始终寸步未离。这就是"程门立雪"的故事。而后，杨时和游酢终于学成为一代名儒。

图 5-8　增强视距步骤（一）

其次慢慢分开手指，露出更多的字和词。眼睛仍然不离开"时"字，看看自己能看得清（认得出）旁边多少字。渐渐看不清了，只看得见字影，看不出具体字，然后再看看到达哪个字离开视线范围了（见图5-9）。

到达第一个看不清字的距离，就是你的视距能力。经过不断练习，视距能力会提高，会逐渐看清楚原本看不清的字，也将看得见原本无法看到的字。

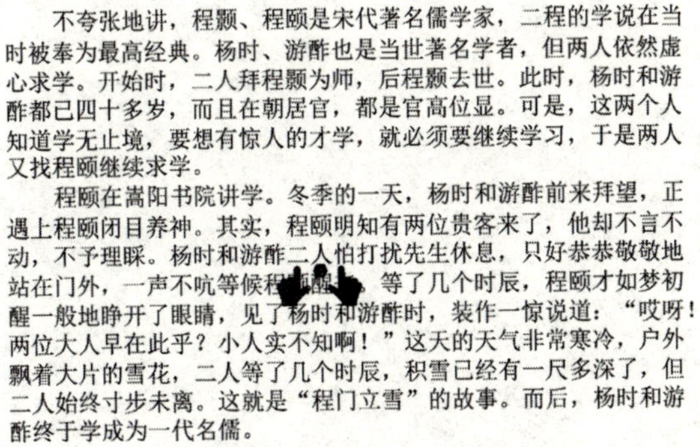

不夸张地讲，程颢、程颐是宋代著名儒学家，二程的学说在当时被奉为最高经典。杨时、游酢也是当世著名学者，但两人依然虚心求学。开始时，二人拜程颢为师，后程颢去世。此时，杨时和游酢都已四十多岁，而且在朝居官，都是官高位显。可是，这两个人知道学无止境，要想有惊人的才学，就必须要继续学习，于是两人又找程颐继续求学。

程颐在嵩阳书院讲学。冬季的一天，杨时和游酢前来拜望，正遇上程颐闭目养神。其实，程颐明知有两位贵客来了，他却不言不动，不予理睬。杨时和游酢二人怕打扰先生休息，只好恭恭敬敬地站在门外，一声不吭等候程颐。等了几个时辰，程颐才如梦初醒一般地睁开了眼睛，见了杨时和游酢时，装作一惊说道："哎呀！两位大人早在此乎？小人实不知啊！"这天的天气非常寒冷，户外飘着大片的雪花，二人等了几个时辰，积雪已经有一尺多深了，但二人始终寸步未离。这就是"程门立雪"的故事。而后，杨时和游酢终于学成为一代名儒。

图 5-9　增强视距步骤（二）

上图中，"时"字右边的手比左边的手多了一个，这不是失误，而是特意呈现的。因为人的左右眼视距往往是不一致的，左眼能看到的范围，右眼未必能看到，反之亦然（这不是病，而是正常现象，与人的两只脚不一样大类似）。

因此，在训练时，要着重练习视距不好的一只眼睛，可能另一只眼睛会因此感到更加疲惫一些，但只要控制住不掉眼泪，训练就可以继续。切记：训练必须要适度，不能过度，以防眼睛太过疲劳而受到伤害。

5.2.4 借助金字塔结构文字，练习"视距金字塔"

增强视距的一个很好的方式，就是借助金字塔结构的文字。什么是金字塔结构的文字呢（见图5-10、图5-11）？

```
         8   3   0
        24   7   10
         8  13   20
        18  43  301
       161  77   26
        51   9   79
       108  434  85
        38  14  601
```

图 5-10 借助金字塔结构的文字训练视距（一）

```
        类  互  包
      假   盖   通信
      灵活   不    看
      可憎   睡觉    乱
      否定句   仁者    借
      哈哈      走    联赛
      水        巨灵神    幻灯片
      大同      英汉词典    老友记
```

图 5-11 借助金字塔结构的文字训练视距（二）

具体的练习方式是：

将眼睛注意力集中在每行中间的数字（文字）上，从最上面的数字（文字）开始慢慢移动视线到下一行。比如看图5-10时，眼睛就顺着中间的3、7、13、43、77、9、434、14一行行看（图5-11用相同方式）。同时视距的覆盖范围要看到两端的数字（文字），比如看图5-10时，看到数字3，也要看到两侧的数字8和数字20；看到数字77，也要看到两侧的数字161和数字26（图5-11用相同方式）。

5.3 通过目录阅读，进行精准定位

目录是每一本书都会有的，最常见的模式是"大章—小节"，也有在大章上面增加一个层级，或者小节下面附加一个层级。所以，目录最少是两个级别，最多可以有四五个、甚至更多级别（见图5-12、图5-13）。

```
大章     _____
  小节   _____
  小节   _____
  小节   _____
```

图5-12　一本书的目录结构（两个级别）

```
大章      _____
    小节   _____
    小节   _____
        三级标题 _____
        三级标题 _____
        三级标题 _____
    小节   _____
        三级标题 _____
        三级标题 _____
```

图 5-13　一本书的目录结构（多个级别）

对一本书来说，目录就像是整副骨架，大级别的目录是大骨架，小级别的目录是小骨架；内容则是附着在骨架上的皮肉，起着保护骨架和形成形体的作用。

目录可以简单且完整地呈现出一本书的概要性内容，让读者有一目了然的感觉，知道书籍的主体写了什么，进程大概怎样，每一阶段反映了什么。

因此，一本书是否具有吸引力，骨架起着至关重要的作用，决定着一本书的价值。目录如果吸引力不够，几乎就不会有人想要去读内容了。

那么，目录的作用除了表现一本书的概要和对读者产生吸引力之外，还有没有其他的作用呢？有，还可以用作对书籍的精准阅读定位。

很多人读书总是习惯性地先翻看书中的内容，并以此判断书的价值。不能说这种做法是错误的，但一定不是绝对正确的。不否认，某类书可以通过直接看内容来判断价值的大小，比如工具书、名著，可是大多数类型的书籍都无法通过随便翻翻就能确定其价值。

如果将这种随便翻翻的做法运用于阅读目录，情况就会好很多。"目录阅读法"具备两个优点（见图5-14）：

图5-14 "目录阅读法"的两个优点

通过详细阅读目录，可以很快了解一本书的主要内容，有助于读者从一本书中快速找到自己想要找的内容，这就是精准定位。比如，某人刚入职做销售工作，对于如何与用户电话沟通总不得要领，为此买了一本《99%的人都用错了销售技巧——实战篇》，通过对目录的阅读，很快定位到"第四章成功用电话约到客户"。

5.4

快速锁定关键词的"视线摇摆法"

很多人阅读抓不住重点,重要的、不重要的都详细地看;关键词、非关键词都要深刻理解。这是没必要的。一篇文章也好,一本书也罢,不是每一段、每一行、每一个字,都必须要详细阅读的,只有真正的核心信息才需要详细阅读。那么,找到核心信息的一个重要方法就是锁定关键词。

5.4.1 反复阅读资料,锻炼寻找关键词的能力

寻找关键词是一种能力。具备这种能力,阅读将事半功倍。因为锁定住关键词后,也会锁定阅读的范围和理解的范围,同样的时间做聚焦性的阅读理解,效率一定高于分散性的阅读理解。

现在,拿出一支笔,快速画出下面阅读段落中的你认为的关键词(见表5-1)。要求是:只求速度,不求理解。通常在没有经过锁定关键词训练之前,会有两种结果出现:一是几乎所有的词都被画

线了,二是几乎没有画上任何词。

这两种情况都是寻找关键词能力不足导致的。虽然看起来情况不是很好,但也不必介意,毕竟是刚开始训练。其实,当你读到一个词,不确定是不是关键词,也不要犹豫,只管画出来,快速阅读完成就是了。

表 5-1　通过阅读资料训练寻找关键词

> 经过彩票店门口的时候,总会想起某个穷光蛋中了千万大奖咸鱼翻身的新闻,依然有冲动想进去再试试运气。但是看见里面的人,我又告诉自己不能再与之为伍了。看看吧,昏暗的灯光下,醉生梦死的社会底层的劳苦大众,灰头土脸的扮相,神情呆滞的状态,目光里充满了平庸生活折磨下的哀怨,唯有开奖号码公布时会闪过一丝如孩子般的期待,仿佛这个号码的对错左右着他们的人生航向。何必呢!何必这么自欺欺人!又何必这样自甘堕落呢!
>
> 上天原本给了每个人足够的青春年华,我们起初的机会有很多,时间有很多,精力有很多,只要控制好自己的欲望,分配好自己的时间,很多目标都可以实现。但是,有那么多人却在走下坡路,为什么?很简单又很难改变的就是人的惰性、欲望,好逸恶劳的劣根,妒忌虚荣的品质,逃避责任的软弱,躲避困难的无能。最终的肮脏目的是:幻想一夜暴富赢得他人的认可,幻想一夜暴富充盈早已枯竭的灵魂,幻想一夜暴富掩盖所有不堪回首的龌龊。

读完之后,再读一遍,但不要通篇都读,而是眼睛只关注画线的字词,看是否需要做些改变来更好地理解原文。在读第二遍的时

候,需要再次画出关键词。这一次画出的数量一定比第一次少。经过几遍之后,关键词的数量会越来越少,直至减少到最少量。

5.4.2 通过色块"视线摇摆法"

所谓"视线摇摆法",就是让视线在一定范围内左右摆动起来,这对于眼部肌肉的训练很有益处(见图5-15)。

图 5-15 色块训练"视线摇摆法"

阅读这种色块时,视线要停留在每行的色块之上,然后滑过旁边的黑点,再停留在色块上,以此类推阅读完整段。

注意:头不要动,只移动双眼(准确说是眼球),尽可能快速精准地练习,可以重复训练。

为什么要进行这样的训练?是因为在阅读时,阅读速度与阅读质量并不成正比。有些人阅读很慢，看起来很认真，但阅读效果有限，问他们读到了什么，往往回答不上来。这种状态下，难以达到用更多时间阅读重点，因为阅读陷入了僵硬状态，一直是缓慢的，遇到重点无法详读，在非重点的地方也不能提速。

经过一段时间的训练后，眼部肌肉运动会形成一定的节奏性，能够有效帮助提升阅读的流畅性。

5.5

"逐字阅读"与"闪词阅读"

逐字阅读是我们从小被教育并且一直在遵守的阅读方式。看起来逐字阅读是非常认真的阅读态度,其实在心理学上,这不被称为认真,而被称为"阅读强迫症"。有这种症状的人会强迫自己清清楚楚、全神贯注地读到每一个字。

真正的阅读应该是这样的状态吗?显然不是。阅读是一项使人身心感到轻松的事情,而这种强迫式阅读,会让身心感到疲惫。同时,也不能保证对阅读内容加深理解,还会浪费许多时间。

看起来逐字阅读有百害而无一利,那么本节为什么还会强调逐字阅读呢?因为它还是有可取之处的。

5.5.1 通过上下文意思的连接,避免错误的"逐字阅读"

为什么会有这种阅读状态?因为阅读的能力和经验不足,不能根据上文意思猜测到下文的词汇,自然就需要一个字一个字地读。

如果具备了阅读的能力和经验，就可以根据上文猜测到下文的词汇，此时眼睛只需要略过词汇进行核实，若正确，就进入下一组词汇（见表5-2）。阅读的能力和经验越强，词汇猜测的准确率就越高，阅读的速度和质量也就越快、越高。

表5-2　根据上文意思能猜测出下文词汇

> 十七世纪初，欧洲探险家来到澳大利亚，发现了这块"新大陆"。1770年，英国派航海家詹姆斯·库克船长带领船队驶向澳大利亚，想占领这块宝地。与此同时，法国政府也派出阿梅兰船长驾驶三桅船前往澳大利亚。
>
> 法国的三桅船更加先进，速度有优势，先来到了如今的维多利亚州。他们以为大功告成，便放松了警惕，带着枪支和必需物品集体出动，去捉当地特有的一种珍奇蝴蝶，一直追入澳大利亚腹地。
>
> 几天后，库克船长也来到这里，他们迅速修建房屋和防御工事，并在附近进行勘察，发现了法国人的船只。库克船长下令将法国的三桅船上的物品洗劫一空，然后设下埋伏等着得意忘形的法国人归来。
>
> 等到阿梅兰和部下高兴地回来时，就钻进了英国人的圈套，全体被俘。库克船长告诉他们，这个地方已经是英国的领土了，被命名为"维多利亚州"，法国人没有权利再待下去，必须立刻离开。

上表中，波浪线代表上文的意思，实线代表下文的意思。当阅读到上文时，就应该很自然地通过该故事的连接性和文本的连接性，猜测到下文的意思及所用的词汇。

比如，上文意思是"英国"，通过阅读能知道这是关于"新大

陆"发现的问题,那么英国政府要派出具体的探险家前往,所以一个具体的人名——"詹姆斯·库克"应该想得到;当想到了这个,只要用眼睛一带,就看得明白了。

再比如,上文意思是"放松了警惕",下文就该有由此引发的具体行为,中间略读"带着枪支和必需物品",随后就是关键的"集体出动",目标是"当地特有",对象是"蝴蝶"。

5.5.2 对关键字应该采取"逐字阅读"

"逐字阅读"虽然速度慢,但确实会提高阅读的精读程度。因此,真正的"逐字阅读"要读最关键的地方,对关键字一定要采用一字不落的阅读方式。

比如下面这句话:

这个任务由一系列的步骤和要素构成。

这句话算上标点符号才17个字,已经属于很短的句子了,是不是都是最关键信息呢?是不是可以采用"逐字阅读"呢?答案是否定的。因为该句话中并非每个字都是关键字,首先开头的"这个"二字就不是关键字。

我们应该采用"遇关键字停顿"的方法,学会从一句话、一段话、一篇文章、一本书的关键之处找到关键字,并且进行"逐字阅读",比如下面这句话(见表5-3):

表5-3 "遇关键字停顿法"找出关键字

> 这个<u>人</u>的一生<u>经历</u>了很多大起大落,很<u>不平凡</u>。

找出关键字不是凭感觉,而是要有具体的原则来判断所画关键字是否正确,具体原则有两个(见图5-16):

> 被画线的关键字是否能够承载原本的意思?
>
> 如果只读关键字是否能明白文中含义?

图5-16 判断正确找出关键字的两个原则

当熟练之后,寻找关键字不需要用笔,用脑和眼睛就可以。在快速阅读的过程中,可以迅速判断出哪些是关键字,哪些不是,并对关键字进行"逐字阅读"。

5.5.3 闪词阅读只能用在不关键的地方

有的人也知道关键地方要反复精读,但读过几遍之后心里就有了烦躁感,精读渐渐成了自欺欺人,来回阅读了某个地方好几遍,其实根本就没读到心里去。

之所以会如此,通常是由阅读疲劳引起的。所谓阅读疲劳,是由于不会区分阅读的界限导致。也就是没有进行词组、短语或短句

的划分,阅读起来索然无味。

如果将一篇文章进行短语式划分,然后再进行阅读,就会轻松许多。由"大"化"小",由"长"化"短",有些词汇短语可以详细阅读,有些词汇短语则可以一眼带过。但是,能做到这一点,首先要具备短语划分的能力,懂得断句(这一点与寻找关键词的方法类似,在此不作赘述);其次要具备"闪词阅读"能力,就是看一眼就能判断出词汇短语是否该详读,并能在略读之后有记忆的印象。因此,"闪词阅读"是要进行训练的(见图5-17)。

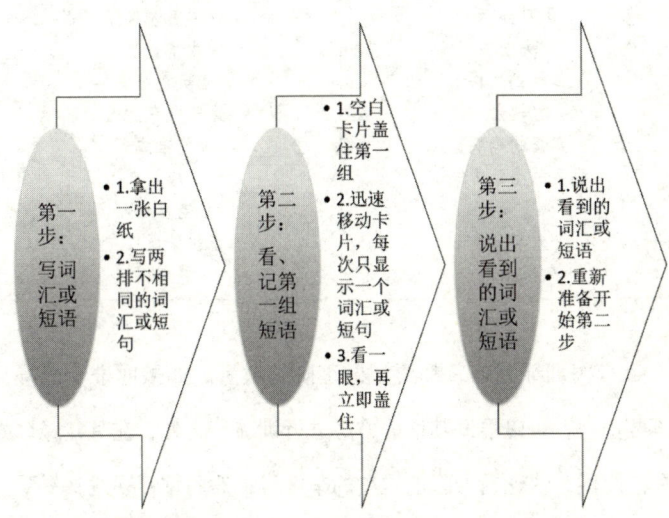

图 5-17 "闪词阅读"的训练步骤

重复这个练习来提升自己的阅读技能,并时常回顾以检验自己的提高幅度。下面我们给出一套词汇和短句的模板(见表5-4):

表 5-4 "闪词阅读"的词汇和短句模板

第一组	第二组
越来越好	一文不名
一个不淘气的孩子	最好的组合
备用轮胎	码头镇
添加到组合	远程办公人员
寻常学术研究	陈年老旧的
电视插座	时不时地
大晚上	时尚人士
不过如此	三年前的今天
偶然的	信息渠道
移动通信	违法
做针线活	前减震器坏了
失效	内华达州
如他们所讲	一本英汉小词典
经典款	穿三叶草的人
奇怪的老头	梦想难成真
我们的生活方式	成品
干扰太大	老友记
今天有日食	布拉迪斯拉发
效率太低	黑猩猩

每一次训练完毕,都要记录正确的数量。如果你进步很慢,也不要担心,可以借助其他的方法进行训练。比如,在等红绿灯或堵车的时候,快速看一眼前边车的车牌号,然后移开视线,看看自己是否能准确记住车牌号。除此之外,还可以借助很多方式训练自己,比如看路标、电话号码、QQ号码、广告用语、地址,等等。

5.6 只一部分细读的"40/60 阅读法"

通常情况下,一部作品的核心内容大约占40%~60%,剩余的部分则是不重要的"填充部分",是细枝末节或解释说明。这意味着你必须思考应该如何分配时间阅读书籍的核心部分和非核心部分。

那么,阅读一本书是先确定阅读核心部分的时间,还是阅读非核心部分的时间呢?通常的做法是先确定分配多少时间阅读非核心部分,因为非核心部分的阅读用时可以在允许的范围内做一些缩减,不会影响已确定好的时间规划。余下的时间就可以用来阅读核心部分了。

根据书籍种类的不同,非核心部分占据的比例也不相同,不一定只占据一本书的小部分,也可能占据一本书的大部分。但无论占据多大比例,所用的时间应该是该部分占据书籍比例的三分之一为宜。比如,一本书的非核心部分占据整本书的60%,那么阅读这部分所用的时间应该占据整体阅读时间的20%,而且还可以更少(见图5-18)。

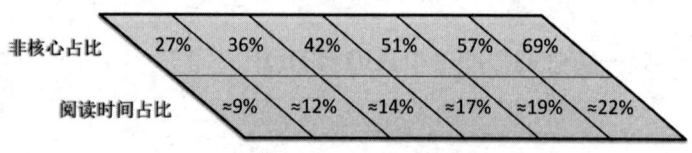

图 5-18　阅读书籍非核心部分的时间占比

为了方便运算,此图选择的非核心占书籍比例为3的倍数(所提供的数据仅供参考,阅读者应根据实际情况自行决定)。

其实,"40/60阅读法"并非是规定死的40%比例或60%比例,更多的是起到临界点提醒的作用。告诉阅读者在阅读书籍的核心部分时,用时占比要大,通常超过60%;在阅读书籍的非核心部分时,用时占比要小,通常低于40%。

第6章 分析
调动所知线索 更好地分析

通过基础阅读对书有了认识，
通过检视阅读对书有了更深刻的理解，
这样才可以对书进行
从"皮肉"到"筋骨"的全面分析，
这是真正理解一本书的开始。

6.1

分析"筋骨",分析"血肉",做出评价

阅读通常分为两种心态:一种是数量至上的心态,一种是质量至上的心态。

数量至上的人,一般是只阅读不分析,追求阅读了多少本书,认为只要读过就等于理解,就一切OK了。

质量至上的人,一定是边阅读边分析,阅读过后也会分析,装在脑海里分析,记在笔记上分析,一本书不吃通透决不罢休。

深度阅读者自然应该追求质量至上,如此才能读有所用。

6.1.1 概要式分析"筋骨"

对于一本书的分析,永远不可能一步深入到位,分析到"毛细血管"。我们最初只能分析书籍的"筋骨"——大概思想。

"筋骨"的结实程度根据阅读的进展情况而定,阅读的次数多了,对书的分析会愈加详细,"筋骨"就会越发厚实。

比如,我第一遍读《罗生门》只是觉得书中的故事写得不错,像竹林中的故事、鼻子的故事、山药粥的故事、河童的故事都是我喜欢的。当时我对这本书的分析认识很浅,"筋骨"很薄。当我读了第二遍之后,才明白了其中的故事是有深意的,但还是不能确定究竟蕴含的是什么深意,分析依然停留在"筋骨"程度上(见图6-1)。

图6-1 《罗生门》的"筋骨"分析

上图中,以树干代替"筋骨",随着阅读次数的增加,树干变得越来越粗壮,相当于"筋骨"越来越强劲。

6.1.2 深入化分析"血肉"

当认真地阅读几遍之后,就渐渐地对内容理解得深入了。当我看了五遍《罗生门》之后,对其中的故事有了更深刻的理解。

比如《罗生门》中山药粥的故事,主人公"五品"因为外貌猥琐龌龊,常受别人的嘲笑和捉弄。他的生活非常不容易,但他却一直心念着自己的梦想——能饱饱地喝一回山药粥。对于他这样的人来说，这个并不大的要求恐怕一生都难以实现。但最后他的愿望实现了，足足地喝了一顿山药粥。可是五品并未因此高兴，反而有了一种鄙夷之情。

为什么会这样？因为五品发现愿望实现后，他的人生没有了期盼，失去了仅有的一点色彩。这是他无法接受的，却又做不了什么。虽然文章在五品饱喝山药粥后就戛然而止，但可以想象一种场景：当五品以后再遭受欺负的时候，当他的内心不再有梦想支撑的时候，他还能否像过去那样平静地面对吗？如果衍生到我们身上，没有了梦想的人生能不能顶住生活中的种种残酷呢？这是我们看这个故事一定要分析到的，这也是这个故事的"血肉"。

至于"血肉"可以饱满到什么程度，取决于我们阅读的质量。通常阅读次数、认真程度和理解能力，决定了阅读的质量。阅读质量越好，"血肉"就越饱满（见图6-2）。

第N次阅读
很认真
理解能力有提升

第N+1次阅读
很认真
理解能力有提升

第N+2次阅读
很认真
理解能力有提升

图6-2 《罗生门》的"血肉"分析

上图中，用树叶代替"血肉"，随着阅读次数的增加和理解能力的上升，树叶越来越茂盛，"血肉"越来越饱满。

6.1.3 精准做出评价

当对一本书从"筋骨"分析到"血肉"时，才可以对其内容做出评价。

仍以《罗生门》中山药粥的故事为例。在故事的最后，作者这样描写五品的内心所想和行为表现（见表6-1）：

表6-1 《罗生门》——山药粥故事的最后段落

> 五品望着喝着山药粥的狐狸，心中依依不舍地回想着从前的自己：那个被众多武士戏耍的自己；被京城的孩童骂"干什么，你这个红鼻子"的自己；穿着褐色的短衫、裤子，像丧家之犬般徘徊在朱雀大街上那个可怜孤独的自己；但同时又将饱饮一顿山药粥的愿望珍藏在心底的、幸福的自己——他为终于不用再喝山药粥而感到安心，同时也感觉到，满头大汗渐渐从鼻尖开始变干。虽然晴空万里，但敦贺的早晨仍然有些寒风刺骨。五品慌忙捂鼻子的同时，冲着银锅打了一个大大的喷嚏。

当充分理解了整个故事，再结合上一段落对该故事的"血肉"分析，可以整理出对该故事的评价（见表6-2）：

表6-2 《罗生门》——山药粥故事的评价

> 尽管过去被人欺负、食不果腹,但是五品的内心还是有理想和抱负的——虽然他的理想和抱负太过渺小。随着这个小理想轻而易举地被人"好心地帮助"实现了之后,他就失去了支撑自己的精神支柱,迷失了。
>
> 小说虽然写到这里就截止了,但故事中的五品和故事外的我们都做不到立即停止。五品能否从迷失当中尽快走出去无人能知,有一点却可以明确地知道,看似"美好"的结局之中掩藏着旁人无法想象的波澜。
>
> 庄子提倡"外物"和"不失己",方可获得超然和洒脱。人们应该超越外在之物的困扰与束缚,听从自己内心的声音,回归到"本我"中去,才能获得真正的内心自由。毫无疑问,五品是失败的、迷失的,他超越不了"山药粥"的束缚,最终在喝粥的愿望实现后,自己仍被捆绑于其中。
>
> 本文作者芥川龙之介想告诉人们,理想支撑一个人信念的重要作用,但他没有直接说明,而是用两个简单却又晦涩、扼要却不失深刻的小故事呈现出来,对现世起到了一定的警醒作用:人世艰难,务必珍视理想;世界多彩,切记不要迷失。

6.2

不再被动接受作者的观点

书是由人写成的,所以每一本书都避免不了存有写作者的主观色彩,包括个人情感、个人倾向、个人好恶、个人观点等。想要充分阅读和分析一本书,就必须打破类似这些对人思维的控制,也就是说阅读者不能跟着写作者的思维、情绪和观点走,而是要剥离出来,形成自己的观点。

6.2.1 注意找出作者的个人情绪表露

除了工具书、教材外,其他类型的图书或多或少都带有作者的个人情绪。(这是写作时不可避免的,却是阅读时必须要回避的。)

有位朋友写过一篇《我对第二次鸦片战争的看法》,写了N遍,撕了N遍,又重写N遍,最终勉强算完成了。他对文章的评价却是:"怎么看都是情绪激昂的'讨债书'。"

这种状况我非常理解。朋友的写作功底很强，文学修养也高，对历史也有很长时间的研究，但因为不能平静地看待那段民族屈辱史，所以无法写出持公正心的文章。

如果某个人恰好阅读了《我对第二次鸦片战争的看法》，一定也会受到作者个人观点的干扰，这样就会对其形成观点造成阻碍。因此，在阅读书籍时，一定要主动地避开作者的观点，不能被动受其干扰。那么，要如何实现呢？（见图6-3）

不读完全不了解领域的书。不了解就会产生"跟随心理"，容易被作者观点带走。	注意书籍中的情绪类表达和对具体人与事的观点，在阅读时尽可能不去理会。
在阅读之前先设定要达到的目的或者要解决的问题，让目的和问题引领自己。	不断提升自己的批判性思维能力，用辩证的眼光阅读书籍。

图6-3 不受作者观点干扰的原则

6.2.2 排除外界干扰，始终保持独立思维

阅读应该在不被人打扰的环境下进行，很多人都能做到这一点。但在讨论时，则必须要去到有人"打扰"的环境中，因为需要与他人进行交流。

金庸先生的几部作品中，涉及皇帝形象，比如《鹿鼎记》中的

康熙，《书剑恩仇录》中的乾隆，《碧血剑》中的崇祯。

崇祯的一生充满了争议，有人认为他是励精图治的明君，只是大厦将倾，任谁都无回天之力了；有人认为他是疑心过重且心狠手辣的昏君，诛杀功臣，自毁长城，最终灭亡。

对于崇祯，我的观点介乎两者之间：他绝对算不上明君，但也不能定义为昏君，他是"庸君"。他明明是庸碌之辈，却偏偏认为自己有匡扶大厦之才，一顿疾风暴雨般的狂折腾之后，大明王朝崩塌了。

虽然一直以来对于崇祯是明君还是昏君的争论无休无止，我却从未受到干扰。我不会因为哪一方占据上风就倾向于哪一方，而放弃自己的观点。毕竟我的观点也是经过自己长期研究后得出的。

当然，我这里说的排除外界干扰，不是绝对地坚持自己的观点，那样就成了固执。我们说的坚持自己的观点不受干扰，要建立在独立思维、观点有据可依的基础上，绝对不是盲目地自以为是。

6.3

带着问题去阅读

广州市社会科学院哲文所所长曾德雄在回答《新快报》提出的"您的阅读有何特点"时,这样回答:

我自己是带着问题去阅读。我本来是学医的,后来因为心里有很多困惑,才想着去读中国哲学。当时我身边有一些"好话说尽,坏事做绝"的人。我的困惑在于为什么会出现这些情况,嘴上说动听的言论,实际上这人很坏,这两者是如何衔接在一起的。我当时最大的困惑来自这里。为了寻找这个问题的答案,我决定从他们的思想根源去寻找。至于思想根源,最核心的就是中国哲学,它包含了中国思想的精华,所以我选择去读哲学。

任何一个喜欢阅读的人,都会有很多困惑,包括自身的问题、社会、人、心理、精神世界等方面,自然也会产生一些问题。现在一些年轻人来跟我交流阅读时,发现他们读的书很杂,缺乏系统。实际

上,当你带着问题去阅读,让阅读有问题导向,收获也会更大。我相信那些爱阅读的孩子,之所以爱阅读,很多时候也是为了寻求问题的解答。

一番话不长,但说明了"带着问题阅读"的重要性。

阅读可以分为主动性阅读和被动性阅读。主动性阅读是在问题爆发之前先发现问题,并想要解决问题;被动性阅读是问题爆发后再去阅读,希望能找到解决的办法(见图6-4)。

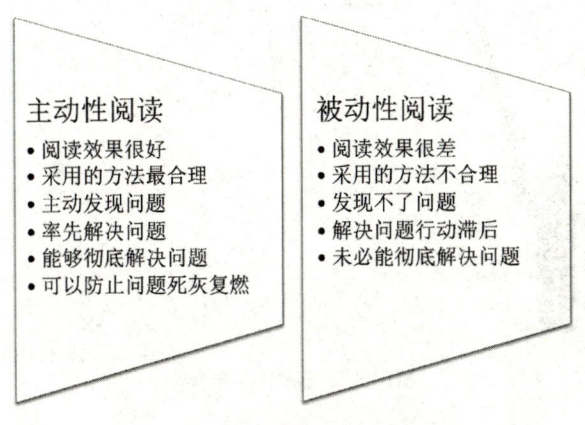

图6-4 主动性阅读和被动性阅读

如果不带问题地读书,就相当于不设箭靶地盲射。我就有过这样的经历:家里堆了一堆的书,也读了很多的书,可总也记不住,更别说关键时候用上了。那么,我平时读到的东西哪里去了?没有产生积累吗?答案:没有产生积累。因为我的阅读方式错误,只有数量的积累,却没有质量的积累。

如果你现在也有这样的困惑，就不要再归咎自己记性不好，阅读能力太差，阅读环境糟糕，等等。真正的原因是你没有带着问题去阅读。

在很多领域"5W1H"都有用武之地，阅读方面也不例外。"5W1H"分别代表（见图6-5）：

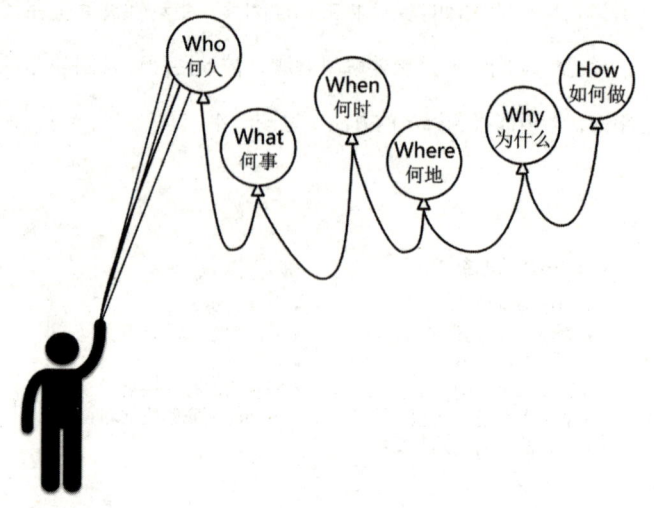

图6-5 "5W1H"示意图

图示具体解释如下：

（1）Who——书中的主人公是什么样的人？有哪些性格特点？读者能从他的身上学到什么？

（2）What——书中主要讲述了怎样的事情（事件）？事情（事件）给读者的直接启发和间接启发是什么？是否对读者的生活有所助益？读者应该吸取怎样的经验和教训？

（3）When——书中所发生事情的那些时间，是否是可以避免或后延的？如果读者遇到类似状况，应该怎样应对呢？

（4）Where——事情的发生地对于事件的发生是否有着主推作用？当地的人文环境和地缘环境分别是怎样的？

（5）Why——为什么会发生那样的事情？能否避免呢？如果必须要避免发生，应该采取怎样的措施？如果能够防患于未然，应该从哪里着手行动？

（6）How——在阅读过之后，读者应该如何做才能将阅读到的收益转化为对自己的切实帮助？

这是对"5W1H"方法的直接解释，也是最为直观的一种解释。根据书的类型不同，根据作品特性的不同，根据个人需求的不同，会有不同的"5W1H"组合，具体应该采用怎样的"5W1H"组合，即带着怎样的问题阅读，需要依据现实情况而定。

6.4 改变阅读立场,能理解得更到位

美国心理学家布劳恩·安德森和肖恩·皮赫特共同做了一个实验:测验仅仅通过改变立场能否使记忆与理解发生变化。

实验一共招募了40名参与者,平均分为两组:"购买房产组"和"小偷立场组"。然后让他们阅读理解同一个故事。之后,进行有关阅读记忆和阅读理解的测试。

接下来将参与者进行了一次划分,每组选出10个人进行立场转换,再重新对故事进行阅读理解。之后,再次进行有关阅读记忆和阅读理解的测试(见图6-6)。

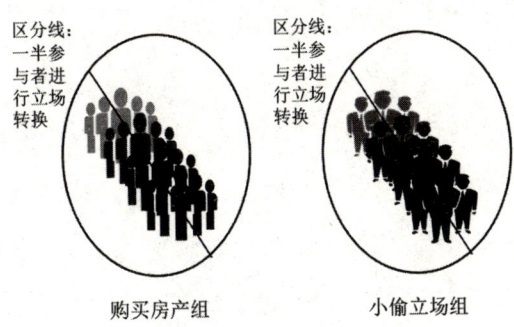

图 6-6 改变立场的实验

结果显示,同时体验过两种立场的这一组参与者,当对他们进行基于不同立场的记忆测试时,通常在第一次提问时无法回答出来的问题,这一次也可以回答出来了(见图6-7)。

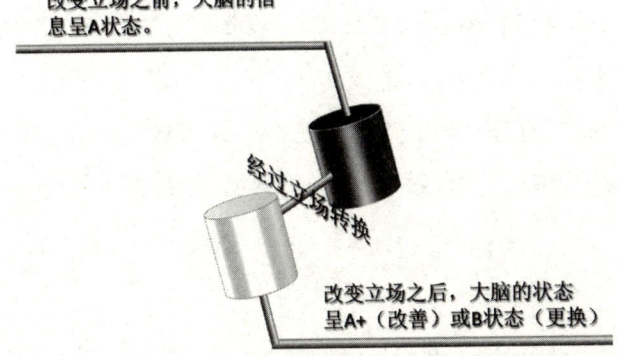

图 6-7 通过改变立场改变大脑中的信息

6.4.1 想象作者坐在我们对面

阅读的过程中,难免会与作者产生神交,会想象作者当年写这本书时的情景,会揣测作者的心情或状态。

比如,我在读《茶花女》的时候,就时常会去想作者小仲马(亚历山大·仲马)是一个怎样的人。不由自主地,我将《茶花女》的男主角阿尔芒与小仲马联系起来,因为18岁时小仲马遇到了玛丽·杜普莱西(茶花女玛格丽特的原型),对她一见钟情,但因为玛丽不肯退出上流交际圈,小仲马愤怒地写了绝交书。五年后玛丽病逝,小仲马悲痛万分,将这段爱情故事写成《茶花女》。所以,在阿尔芒的身上能看到小仲马的影子。

有一天,我想象着小仲马坐在面前,我用大脑给他画自画像:

"这是一个文质彬彬、相貌英俊的青年,礼貌而绅士,含蓄又浪漫,有着年轻人该有的生活热情和对人生的追求。这个人有些情绪化,想要做的事情马上就要去做,若是生气了则会做一些连自己都想象不出的疯狂事。"

随着小仲马"肖像画"的逐渐丰满,我发现在我眼前浮现的不仅仅是小仲马,还有他笔下的阿尔芒和玛格丽特。一个是高傲、软弱、自负、又有点自私的青年男子;一个是善良、倔强、不幸、又不乏高尚的漂亮女人。

忽然,我对《茶花女》的理解也产生了变化。起初我对这部小说的印象仅限于是"爱情小说",讲了两个年轻人之间凄美的爱情故事,其中阿尔芒的软弱和自私让我生气,茶花女玛格丽特的牺牲精神让我动容。故事结构设计得很好,人物个性也足够鲜明,的确堪称传世佳作。

但如今的理解早已脱离表象,深入到内里。一对年轻男女,他们能用什么去对抗世俗和束缚?可以说,两人的命运注定是悲剧(见表6-3)。

表6-3 《茶花女》中对男女爱情的阻碍

人物	事情
袭拉蒂公爵	因为玛格丽特和阿尔芒去了巴黎郊外,彻底不再资助
阿尔芒的父亲迪瓦尔	因为女儿与贵族少爷订婚,害怕玛格丽特成为污点,就逼迫玛格丽特和儿子断绝关系
瓦尔维勒男爵	让玛格丽特成为自己的情人
阿尔芒	对于玛格丽特的"背叛",更多的表现是愤怒和维护自己的自尊

有这么多强大到无法反抗的世俗阻力,阿尔芒和玛格丽特的爱情注定会是悲剧。即便阿尔芒是血性男儿,恐怕最终也难有好的结局,毕竟以一己之力对抗整个世俗环境,获胜的概率微乎其微。

6.4.2 与作者进行交流

既然作者"来"到了面前,就要不失时机地交流几句,看看对方怎样回答你的问题。或许你以为我疯了:坐在对面的作者本就是虚拟的,如何进行交流?其实,既然作者是想象出来的,交流的过程也可以想象出来。虽然实际上还是与自己对话,但因为是在与假想的作者对话,所以回答时会不自觉地排斥自己的观点,而向作者的思维靠拢。

在心理学上,这被称为"人格趋近效应",是一种刻意向某个人或某类人的性格行为靠近的心理状态。

那么,与虚拟的作者交流需要注意什么?有哪些原则要遵守呢?(见图6-8)

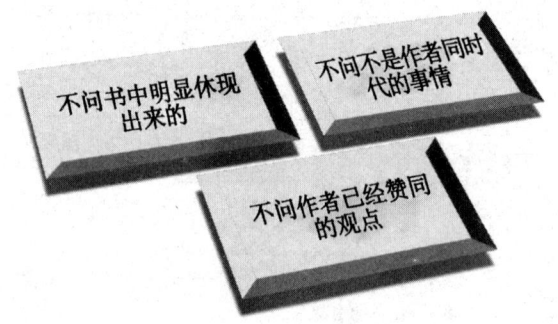

图6-8 与虚拟作者交流的原则

了解了提问的原则,还要了解回答的原则(见图6-9)。

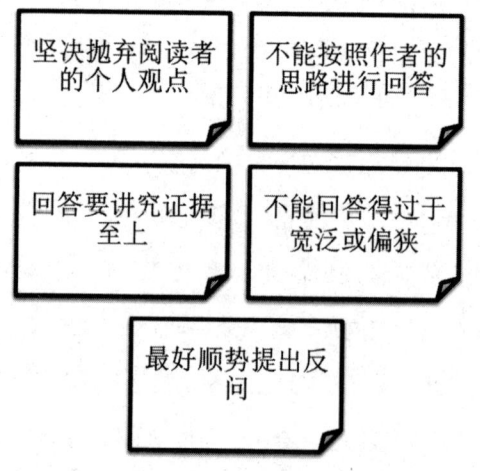

图6-9 回答向虚拟作者提出的问题的原则

6.5

"地图阅读法":快速处理难懂的内容

开车去某个不熟悉的地方,过去会打开地图,如今会打开导航,反正不能让自己迷路。

不仅走路可能迷路,阅读也可能迷路。一本书读着读着,越来越迷茫了,越分析越混乱了。这就说明阅读的方式或顺序出了错,导致阅读遭受阻力,给思维带来障碍。由此,"地图阅读法"派上用场。

6.5.1 设定"阅读线路图"

进行一趟旅程,必须要对这趟旅程的过程进行规划,并设计出旅行路线图,以保证旅行的顺利。具体包括:

定下一个旅程名称,这有助于建立沟通和明确目的;确定旅程出发地点,这是旅程的开始;沿途将经过哪些大城市,这是旅行途中的关键节点;沿途会经过哪些著名的小城镇,这是旅行途中的调味剂;所经过道路的状况,这是旅途顺利的关键;确定旅行最终的目的地,这是整个旅程的收官;确认旅程有没有真正完成,这是对旅程的回顾和检查(见图6-10)。

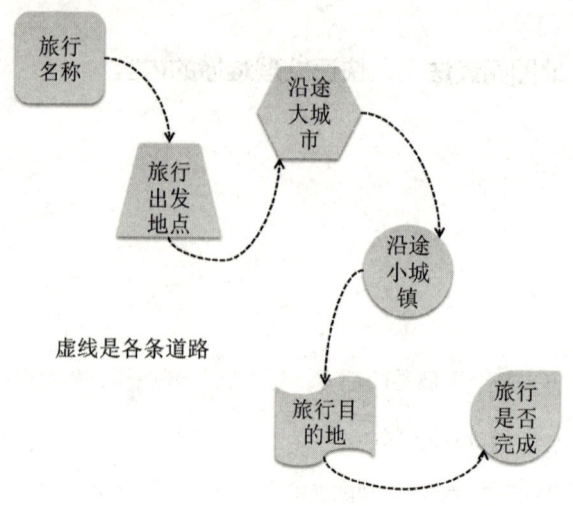

图6-10 旅行的过程图

与旅行类似,阅读也需要制定流程,也要设计出一份详细的"阅读路线图",用以保证阅读的顺利进行(见表6-4、图6-11):

表6-4 "阅读路线图"与旅行路线图的对比

旅行路线与阅读路线对比	备注
旅行名称——书名	
旅行出发地点——前言	非常重要
沿途大城市——章节标题	确定其中最想读的
沿途小城镇——每节开篇	决定一节或一段的可读性

各条道路——每个段落	不用每条道路都走一遍
旅行目的地——结束节	
旅行是否完成——结尾问题	对全书的回顾

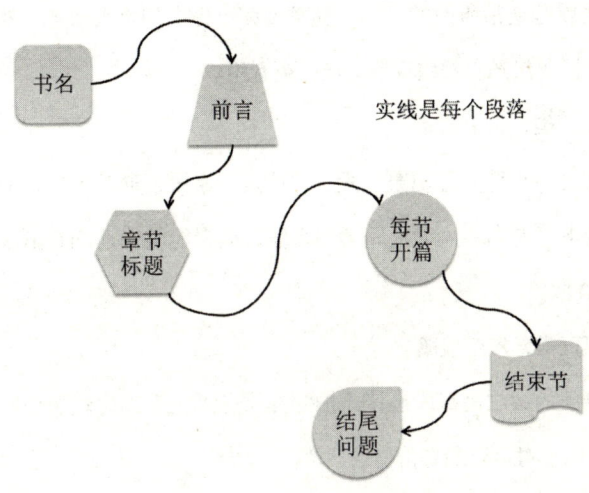

图 6-11 设计"阅读路线图"

6.5.2 理清路标和方向

下面针对"阅读路线图"涉及的各个路标进行解释，看看每种路标的具体走向。

第一类，书名。

直接定义书籍的内容，是一本书的精髓所在。比如《控制力》《日本战国物语》《团队打天下，管理定江山》。

第二类，前言。

几乎任何书籍都有前言，作用是让读者初步了解该书的成书思路，也告诉读者该书的主要宗旨是什么。

第三类，章节标题。

也就是通常所说的目录，就像阅读过程中的重大节点，能够让读者一目了然知道哪些章节对自己更有用。

第四类，每节开篇。

就是每小节的开篇第一段，往往是引言段，通常很短，但能够引出接下来的内容。通过阅读引言段，读者能够快速判断出该小节的可读性。

第五类，每个段落。

错误的做法是每段必读（怕漏掉信息）；正确的做法是只读那些重要的、对自己最有价值的段落。

第六类，结束节。

与开篇节类似，有总结的作用，以更加精辟简练的语言告诉读者本节的主要内容；通常能对所在小节进行高度概括。

第七类，结尾问题。

是一种带有回顾性的、自问自答的问题，主要目的是加深对书籍的理解。

建立有价值的领读会

近些年兴起的领读会吸引了一大批具有阅读热情的人加入其中。人们从"孤读"变成了"陪读",相互轮换进行领读,对书籍进行详细剖析,获取最有价值的干货。领读会的存在让阅读变得有生气,有人气,有灵气,对每本书的理解也因为各色人等的加入而产生了更多样的理解。

领读会都是自发的,是由阅读爱好者组织起来的,常规的参与模式是通过即时通信工具进入各种群。那么,加入领读会后,如果当上了某一次活动的领读人,需要符合哪些要求才能完成一次优质的领读活动呢?(见图6-12)

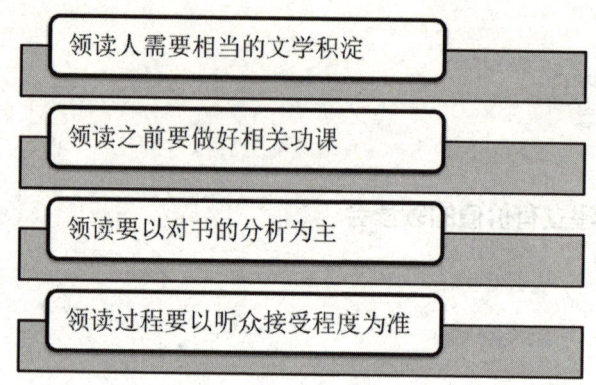

图 6-12 领读人要达到的要求

具体如何做,来看一个例子:

好友W前段时期参与领读《如何阅读一本书》项目。这是一本阅读起来相当有难度的书,但内容精湛,值得一读。因为难度太大,俱乐部里有人读了几年都未能读完,有人读完了也不怎么明白,有人读了一点儿就放弃了。W因群聊时说了一句"读过几遍,没什么难懂的",被推举为此次领读活动的领读者。

W想到既然大家对这本书的难度产生了共鸣,说明阅读方法几乎都试过了,都没能攻克这本书,索性就用这本书中介绍的比较高级的分析阅读的方法来领读,既能训练自己如何使用这个方法,也能让大家亲身感受该方法的好处,更好地理解。

W按照书中要求的理解力提升的方式进行理解,并把能够形成模型、工具、流程的部分全部都整理了一遍。

这真的很难!普通的领读只需半个月左右,他却做了四个多月才把这本书读完。但是收益巨大，远远超出他投入的时间和精力——不仅自己更加明晰了如何高质量地阅读一本书，还使得群里的其他成员都渐渐明白了。这个难关就这样被集体攻克了。

过后W说："以前我也经常用几个月的时间去做某件事，但是从来没有如此严谨细致过，也就没有获得过如此巨大的收益。"

领读会的最大价值不只是读，还要让参与的人能够读懂，日本畅销书作家原尻淳一这样评价领读会的作用（见图6-13）：

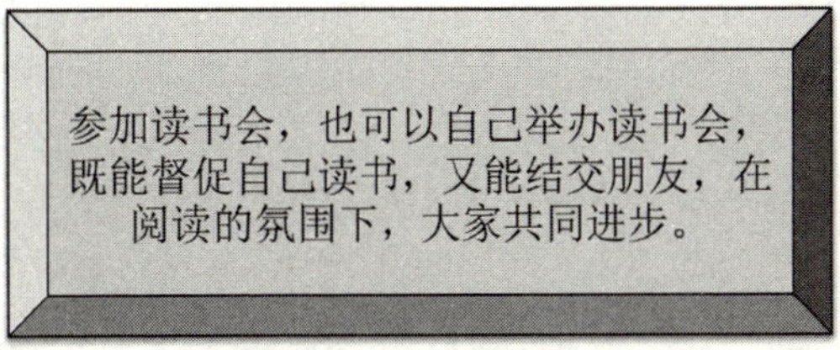

> 参加读书会，也可以自己举办读书会，既能督促自己读书，又能结交朋友，在阅读的氛围下，大家共同进步。

图 6-13　原尻淳一评价领读会

建立领读会的目的不是为了自身提高，而是实现与周围人的共同进步，彼此间形成相辅相成的互助互惠关系。

第 7 章 主题 将多本书相互关联起来阅读

仅仅了解一本书
并不是阅读的目的,
而是要通过深度阅读进入相关领域内
去全面学习。
所以,由深度阅读一本书开始,
以严谨的方式去阅读相关书籍,
才能更快速、更系统地
将该领域的知识纳入自己
的知识体系内。

7.1

始终将主题排在第一位

进行到主题阅读这个阶段,说明已经对一本书有了相当深刻的理解,对于掌握书的主题,已经不再是问题。但此时,很多阅读者却总会犯一个错误,就是不再重视主题了(或许是主动的,也或许是无意的)。

因为如果已经将一本书读了N遍,确实会让人产生心理疲惫感,也会让人松懈,认为"这本书已经吃透了,不用看了""这个方面已经懂了,该换换口味了"等。于是,很多人轻易地就将精进的机会放弃了。

为什么这样说?原因就在于"学无止境"。只要你看的是一本好书,那么关于这本书的内容就永远不要说有吃透的那一天。看看那些大师的书柜吧,几乎都是些被翻了不知道多少遍的书,很多已经破旧不堪,但大师们仍然爱如珍宝,仍会时不时拿出来看看。

书静静地待在那里,一个真正懂它的人,会一生一世珍惜它,因为从它的身上能得到无穷无尽的知识和力量。

那么，究竟怎样才能像大师那样，在自己的阅读历程中始终将主题排在第一位呢？

7.1.1 沿着主题，继续"挖书"

一本书究竟读多少遍才能读透呢？答案是：不知道。同样一本书可以被人读一辈子，也可以只被人读一阵子，时间的跨度由阅读者来决定。

当了解一本书的主题后，这是很令人欣喜的，但高兴的不应该是读到了重点，而是得到了新的起点。因为在了解一本书的主题之前，是懵懂的阅读者；当了解了书的主题之后，就是清醒的阅读者，这两者之间是有很大差异的（见图7-1）。

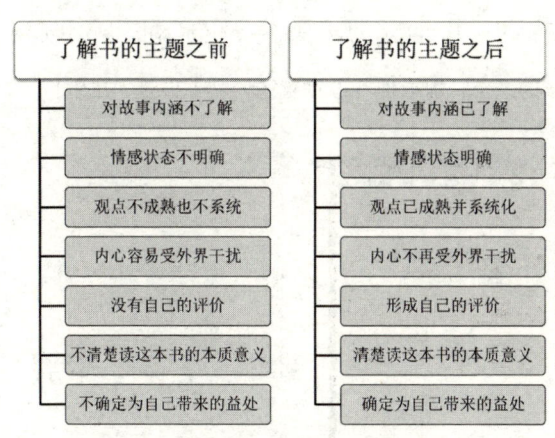

图7-1 了解一本书主题前后的阅读差异

由此图可见，在掌握了主题后，更应该进一步去精读，当然只需精读重要的部分,从中深入挖掘更深层的价值。

7.1.2 以主题为原点,拓展知识面

虽然说一本好书可以读一辈子,但我们也不能一直沉浸在一本书中,还应该抬起头来,博采众长,读更多的书。

这就涉及"原点辐射"的问题,即以某一本好书为原点,在相关联的知识领域内进行书籍辐射,以求让自己的知识更加系统化(见图7-2)。

注意:相关领域并非一定是相同领域,知识具有延展性和关联性,所以在以某本书为辐射进行知识面拓展阅读时,不仅要搜寻领域内,还要搜寻领域外。比如,我在读了几遍《城南旧事》之后,想要再读读其他相关的书,竟然选中了《爱的教育》——一本推荐给孩子看的书。其实我的思路很简单,《城南旧事》讲的是一个中国小女孩的经历,那么何不再看看意大利小男孩的故事!

图7-2 书籍的"原点辐射"

7.2

"安定剂阅读"和"兴奋剂阅读"

安定剂是让人的情绪逐渐安静下来的药剂,以此比喻阅读,是希望通过读书让内心获得安静。

兴奋剂是让人的情绪渐渐升腾起来的药剂,以此比喻阅读,是希望通过阅读让内心的状态变得热烈。

不论是获得安静还是变得热烈,都是对情绪的掌控。

为什么要掌控情绪呢?因为生而为人,难免被坏情绪所困,而我们的生活不能因为坏情绪的到来而变得糟糕,应该用耐心去面对生活,这一点永远不能忽视。而在生活中保持耐心是相当不容易的,就像用做学问的心态去读书也很难做到一样。所以,情绪需要训练,不仅要练就生活中的从容,还要练就阅读中的淡定。

那么,要练成怎样的情绪状态,才能达到"以做学问的心态去阅读"的要求呢?(见图7-3)

这里,"以做学问的心态去阅读"可以理解为是最投入、最详细、最有持久力的一种阅读状态。

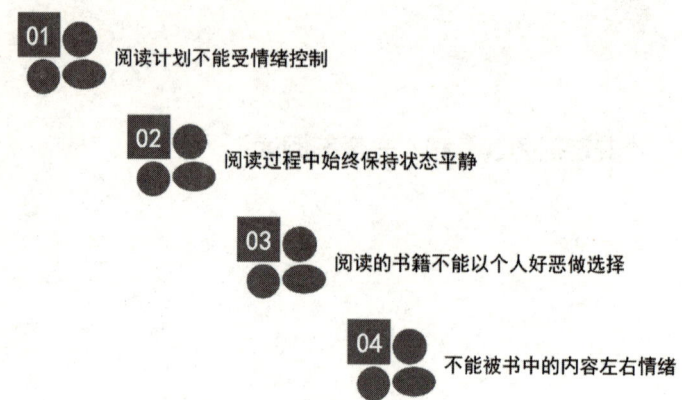

图 7-3　练就阅读心态的要求

7.2.1　情绪高涨时用"安定剂"

生活中情绪会受到各种影响，情绪又会反噬生活。阅读是一个绝对需要平静心才能做好的事情，从没听说哪个人能带着坏情绪认真阅读。因此，当你的情绪中有了不好的"成分"时，是非常需要一剂"安定剂"让情绪稳定下来的。

所谓"安定剂阅读"就是把已经了解的阅读内容以重新确认的心态再去了解。直接点说，就是去重复读已经充分了解的书，甚至书中所写的每一个细节都是清清楚楚的。这样的阅读，会让自己产生"果然如此"的状态，渐渐地内心就会安静下来。

下面，我们用一幅图来展现这种阅读方式的心理变化曲线（见图7-4）：

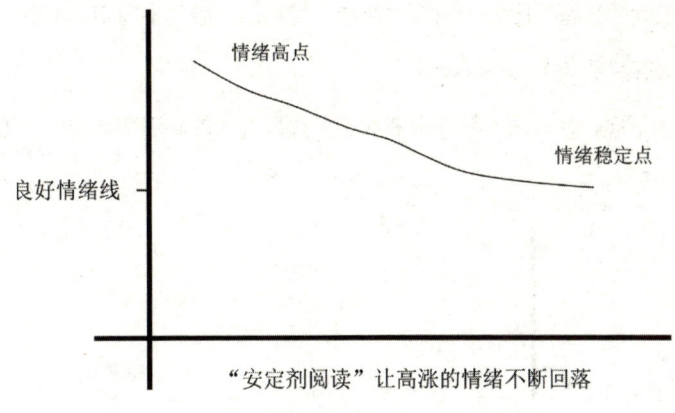

图 7-4 "安定剂阅读"的心理变化曲线

注意:回落也是有限度的,不能直线下落和持续下落,将情绪从高点直接降到低点,那样也是不行的。

7.2.2 情绪不振时用"兴奋剂"

人不是时时刻刻都充斥情绪的(不论正面情绪或负面情绪),还有些时候是根本没有情绪,做什么都提不起精神。这种状态下去阅读恐怕也就只是走形式了。所以,当你的情绪处于低谷时,需要一剂"兴奋剂"来提提神。

所谓"兴奋剂阅读"就是阅读一些描写异常现象、事件、领域等内容的书籍,去体验震惊和兴奋等刺激情绪,拉动情绪逐渐走高。《卡拉马佐夫兄弟》《十宗罪》《一桩事先张扬的凶杀案》就是这样的书。

不仅限于小说,伟人们的传记或自传等作品,也会给阅读者带来极大的兴奋。比如，阅读文森特·梵高的一生和他写下的书信，就会震惊于其人生的与众不同。

下面，我们用一幅图来展现这种阅读方式的心理变化曲线（见图7-5）。

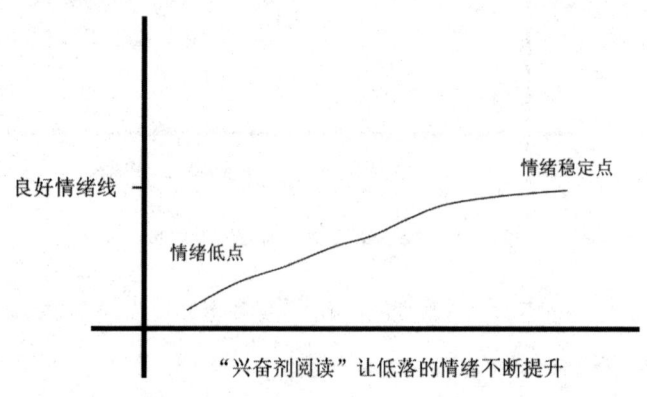

图7-5 "兴奋剂阅读"的心理变化曲线

注意：提升同样要有限度，不能直线提升和持续提升，将情绪从低点直接升到高点，那样也是不行的。

7.3 垂直阅读 + 水平阅读

按照主题阅读相关书籍，可以分为两种情况：一种是垂直阅读，另一种是水平阅读。

垂直和水平是不同的两个方向，前者垂直向下，后者横向延展，两个词汇很形象地表现出了这两种阅读状态。

所谓垂直阅读，是在现有的知识结构基础上，在相同领域内向下垂直深挖，力争打造自己的行业知识体系（见图7-6）。

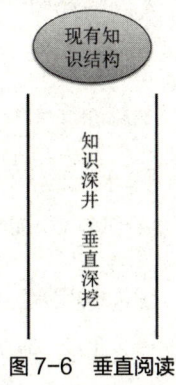

图 7-6　垂直阅读

所谓水平阅读,是在现有知识结构的基础上,向不同领域水平扩展,或许领域范围会设有限制,或许领域范围根本不设限,目的是让自己的知识结构更为多元化(见图7-7、图7-8)。

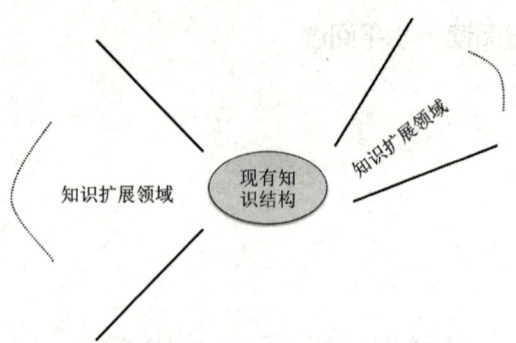

图 7-7 水平阅读,领域范围设限

图 7-8 水平阅读,领域范围不设限

无论是采用垂直阅读,还是采用水平阅读,目的都是从单纯的阅读、记住,升级到"使知识立体化"的具体运用。

7.3.1 "专才"与"通才"的两条路

在企业界,对人才的定义分为两种:一种是"通才",一种是"专才"。若是发挥得当,两种人才都可堪大用。

所谓"专才",是指在业务上与其他人存在明显差别,但在特定领域具有深厚知识和专业技能,并且专注于该领域的工作者。

所谓"通才",是指在不限于特定领域,在多方面都具备一定水平以上的广泛知识和技能的工作者。

无疑,这两种人才的练成与他们的学习方式息息相关。选择垂直阅读的人更容易成为"专才",喜欢水平阅读的人则可能成为"通才"(见图7-9)。

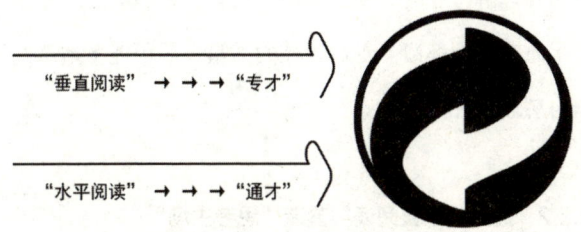

图 7-9 阅读方式与人才形成的关系

若以业务种类为纵轴,以功能组织为横轴,尝试将商业进行矩阵化,会发现:超越所有行业,追求功能,就会成为真正的专才;横贯各种功能组织,就会成为该业界的通才(见图7-10)。

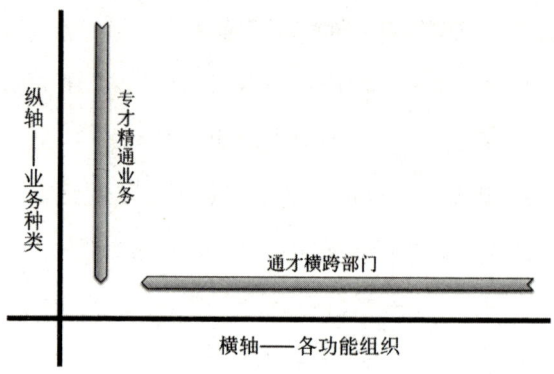

图 7-10 矩阵化表现"专才"和"通才"

想要成为"专才",需要在垂直方向上深化钻研,尽可能多地阅读学习并理解行业内的专业知识。反之,要想成为"通才",需要在水平方向上阅读诸多专业领域的书籍,尽可能多地掌握与应用各领域的基础知识。

7.3.2 通过"垂直阅读"营造"思考主场"

经常观看体育比赛的人都很清楚主场与客场的不同:去到客场比赛,内心会接受更大的洗礼,而回到主场,则安心许多。

其实,思考也有主场(即专业或擅长的领域)。在思考主场里,自己的思维是放松的、多样的、灵活的、有权威的(相对于客场思维的自己)。

日本作家丸谷才一的成功离不开日语学者大野晋的提点。大野晋告诉丸谷才一:"我有'主场',如果遇到困难,我总是会回到

那里思考。"大野晋的"思考主场"就是日语学,回归其中重新思考一遍,通过思考共同点和差异点,面临的问题就能得到整理。

拥有"思考主场",就是形成了事物观的基准。下面,看看市场营销领域如何通过"垂直阅读"形成"思考主场"(见图7-11)。

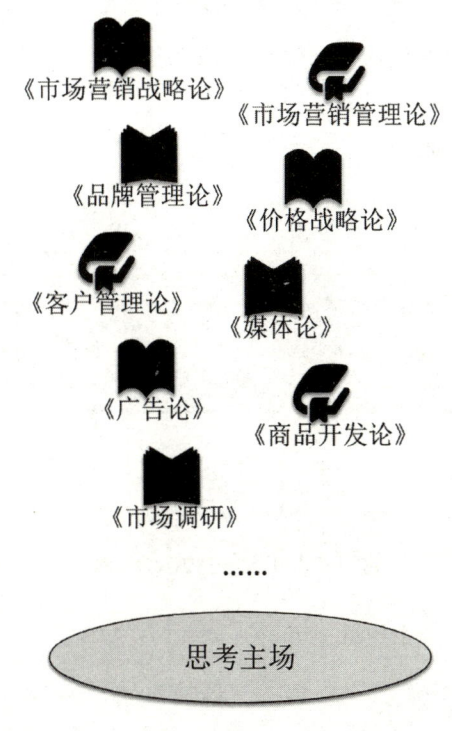

图7-11 形成"思考主场"(以市场营销领域为例)

7.3.3 七成投资在垂直阅读上

做任何事情都要付出成本,阅读也是一样,需要付出时间成本和经济成本。这就需要算笔账了,看看如何付出才能获得最大收益。

谷歌公司董事长埃里克·施密特有自己的阅读投资标准,称为"70∶20∶10模式",被奉为阅读投资黄金比例。具体的投资划分为:对所在行业的业务书籍投资70%,对支持现有业务或可能成为未来新业务的领域投资20%,对完全未知领域投资10%(见图7-12)。

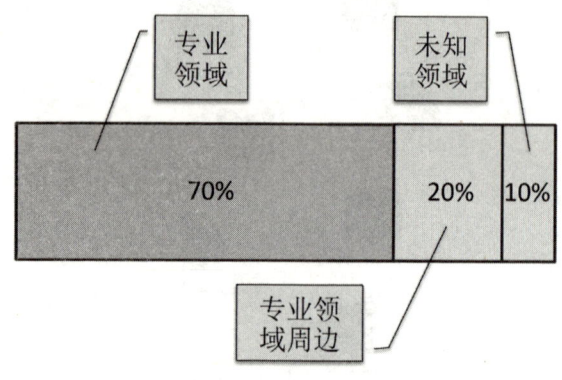

图7-12 阅读投资的黄金比例

假设每月设定的阅读时间为60个小时,花费为1000元,那么通过比例计算后可得到:42∶12∶6(时间上),700∶200∶100(经济上)。

当然,并不是一定要丝毫不差、完全机械地遵守这个比例,但只要有了这个基准值,就可以尽量向其靠近。

7.3.4 用"主场知识"看待一切情况

形成"思考主场"之后,还要将这种思维方式融合成看待事物的方式。如此便会有意外的发现:世界观更加丰富了。

经营管理方面无疑是日本企业家稻盛和夫的思考主场,在其所著的《干法》这本书里,我们来看看他如何用"主场思维"看待工作(见表7-1):

表7-1 稻盛和夫的"主场思维"——《干法》

> ……
>
> "工作造就人格",就是要通过每一天认真踏实地工作,逐步铸成自己独立的、优秀的人格。
>
> ……
>
> 因为类似的经验累积了许多次,所以后来遇到难题时,我就会对员工说:"要让神愿意伸手援助,你就必须刻苦钻研,全身心投入工作。这样的话,不管面临多么困难的局面,神一定会帮助你,事情一定能成功。"
>
> ……
>
> "工作是工作,自己是自己",把"工作"与"自己"分开,让两者保持距离,这是最近年轻人中流行的观点。然而,要做好工作,就应该消除"工作"和"自己"之间的距离,要悟到"自己就是工作,工作就是自己",这两者密不可分。这个经验相当重要。
>
> ……

身为管理者,想要与被管理者(员工)建立良好关系,还要让被管理者能真诚地听自己的劝解,没有一定的功力是做不到的。稻盛和夫的这本《干法》一直畅销,被很多年轻人认为是走入社会必读的经典。

7.3.5 通过客场洞彻事物的本质

讲完了"主场",我们再来看看"客场"。

阅读非专业领域的书,就相当于自己的客场,但是仍然为你提供新的视角。比如,登山家写的书,对于做业务的人来说也有参考价值;足球教练的观点,很多时候都与团队项目相吻合;军事教程很多时候会帮助阅读者形成更良好的自律习惯;一本给孩子看的书有时也会给成年人的灵魂带去启发……

因此,如何设计"70∶20∶10模式"中剩余的20%和10%也是非常重要的。这会帮助我们更好地引入新的视角和发现新的机会(见图7-13)。

图7-13 "70∶20∶10模式"中剩余的20%和10%的投资原则

7.4 "头脑风暴读书法"：给阅读添加持续的能量

每个人都是能量源，可以自行产生一种奋斗的力量，但每个人又都是衰减源，不可能时时刻刻保持阅读热情。一旦陷入阅读低谷期，该怎么办？

日本作家坂本元在其所著的《思考技术与写作技术》一书中，介绍了一种激发阅读能量的方法——"头脑风暴读书法"。

据说，当坂本元感到一段时间的思路凝滞而无法摆脱时，他就去一次性购买20几本杂志，然后用两天的时间读完。

为什么选择杂志？我个人认为，杂志可能是在阅读轻松和阅读收益方面，平衡性最好的一种读物了（见图7-14）。

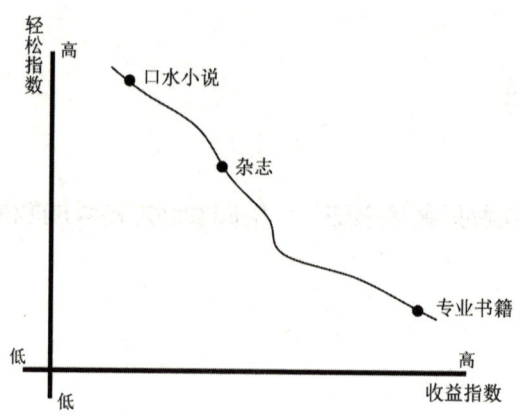

图 7-14　杂志的轻松和收益指数

第一种，买同一行业类型的杂志。

坂本元的策略是"不挑杂志的种类"，即使领域不同，通过该行业专家简明易懂的讲述，也能比以前更深入地理解，或许会对自己的领域有所帮助。这种"有意义的偶然"是非常令人激动的（见图7-15）。

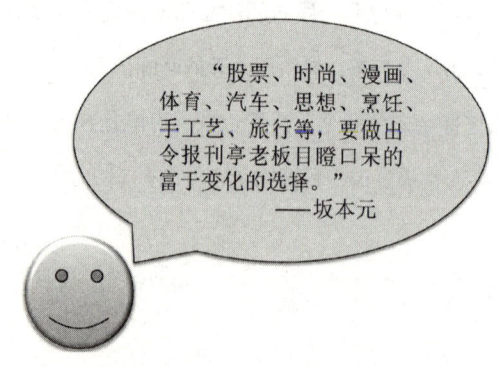

图 7-15　坂本元的建议（一）

第二种,买不同行业类型的杂志。

我也是这种购买策略的拥趸,但我的策略是只买同一类型的,而且是与自己的工作、专业、爱好差异化很大的。对于这种方式,坂本元也支持,他给出了建议(见图7-16):

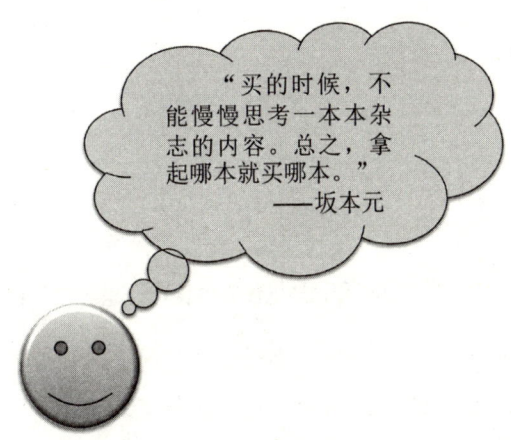

图7-16 坂本元的建议(二)

7.5 系统化写出完整论点

阅读过程中，可以渐渐总结出作者的论点，也可以了解一下其他阅读者的论点，但最终还是要形成自己的论点。这不仅是对于阅读过的书的总结，也是对自己阅读一本书的过程的总结（见图7-17）。

图 7-17 写论点总结阅读过程的好处

7.5.1 论题要具有侧重点

提到论点就必须要有论题，一个题目能体现一篇评论的精华。通常，论题要确保具有三个原则（见图7-18）：

图 7-18 论题的三个原则

论题要对所写的评论能够一句概括,让人读过便知评论的核心。但这句话不能太长,越简练越好(见图7-19)。

图 7-19 符合三个原则的论题举例

7.5.2 论点要有理有据

论点具体反映阅读者对一本书的观点和想法,所以,阅读者所写出的每一个点都要有理有据,能与书中核心内容相匹配。

比如,《死于零度》是王睿琦写的一篇评《罗兰·巴特传》的

文章。整篇点评是以时间倒叙的形式展开的,从巴特之死切入,一直回溯到巴特的童年(见图7-20):

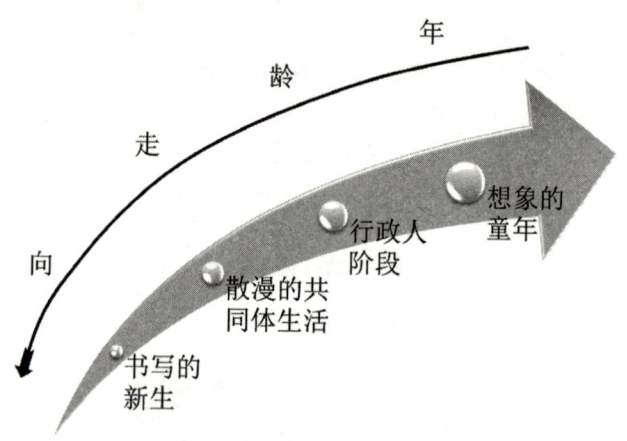

图7-20　王睿琦评《罗兰·巴特传》的写作顺序

对巴特人生的每个阶段,作者在文章中都做了概述,也阐述了形成的原因,以及该阶段巴特对外界的表现。

第一,想象的童年。

作者用了"想象",原因在于巴特说自己是"小布尔乔亚"出身,很像是自我厌恶,但这只是建立在他的家乡与巴黎的对比之下,其实巴特出生于相当富裕的资产阶级贵族家庭。

因为这种想象出来的"痛苦",巴特甚至要写一本小说进行"抨击",但在狂热地准备了几个月之后,剧情反转了(见表7-2):

表7-2 评《罗兰·巴特传》（一）

> "……我不再想着我的小说了；我很确定我将不再继续写下去……第一个原因是我对在家里的生活特别满意，特别满意这个家带给我的温暖……以至于没法让我的小说带上几个月前我所想象的那样的苦涩、尖酸刻薄与怨恨。"
>
> ——《罗兰·巴特传》

第二，行政人阶段。

这个时期，巴特在行政领域做得相当出色，他有着很棒的行政能力，可以分成两个阶段（见图7-21）。

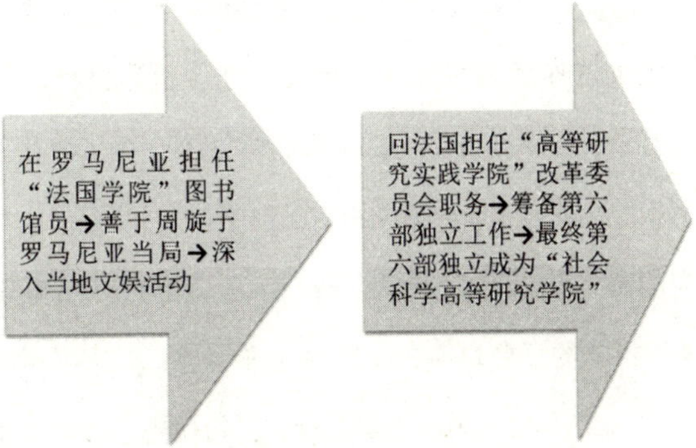

在罗马尼亚担任"法国学院"图书馆员→善于周旋于罗马尼亚当局→深入当地文娱活动

回法国担任"高等研究实践学院"改革委员会职务→筹备第六部独立工作→最终第六部独立成为"社会科学高等研究学院"

图7-21 评《罗兰·巴特传》（二）

第三，散漫的共同体生活。

巴特因患肺结核住进了疗养院，过起了独特的半集体生活，尽管有些枯燥，但其非同寻常的异质性同样给巴特留下了深刻印象。这种共同生活的模式建立在巴特称之为的"既不是……也不是……"的形式上,其实就是"既不是出世的孤独隐修方式,也不是各种各样形式组织起来的总体主义社会生活模式"。作者对这种生活予以概括(见表7-3):

表7-3 评《罗兰·巴特传》(三)

一种散漫的群居生活,在其中个体既通过共同的构造而联系在一起,彼此又是各自独立的,完全拥有自己的生活节奏。

第四,书写的新生。

1977年10月25日,巴特的母亲去世。很多人曾认为巴特对于母亲的死不能自已,宁愿选择放弃,甚至还被人写成了故事。但《罗兰·巴特传》的作者蒂费纳·萨莫瓦约在了解了巴特生前的经历后,给出了如今被认同的结论:"巴特肯定不会相信会在某处天空可以再次见到母亲……他没有任由自己自愿死去。"

现实的确如此,在为母亲服丧一年后,巴特开始重建内心秩序。在《新生》的梗概草稿中,巴特这样写道:"文学可以作为爱的代替品。"1978年4月的摩洛哥之行,巴特做出了皈依文学的决定(见表7-4):

表7-4 评《罗兰·巴特传》(四)

"两个非常老旧的话题进入我的精神之中:进入到文学里,进入到写作里;写作,就好像我从未做过那样:今后只能做这件事了。" ——《罗兰·巴特传》

第五，巴特之死。

这是文章的开篇，却是《罗兰·巴特传》的结尾。

1980年2月25日下午，罗兰·巴特被撞倒在法兰西公学附近的学院街上。他当时正在过马路，一辆小卡车驶来，双方都没有注意，一辆停在路边的车挡住了他们的视线，这种现象在拥挤的巴黎是随处可见的。后来，车祸发生地出现了一个标语："请开慢一点，不然您可能会压到罗兰·巴特。"

用巴特自己的话说，就是零度死亡。

最后，总结《罗兰·巴特传》。

点评一部作品，论题要精彩，论点要有根据，最后的结论也要点睛，做到对全文的总结，也是对所点评作品的致敬（见图7-22）。

作为巴特诞辰一百周年的纪念大作，这部充满探索性和启发性的传记，自出版以来就受到学界内外的一致好评，不仅因为其所展现的资料的丰富翔实，更重要的是，我们再也没有借口回避这样一个谦逊、炽热而忠于写作的巴特，而正是这种对写作的爱，才拯救了结构主义的事业，使其不至于落入一种教条与意识形态。因为书写的欲望不断打搅着凝固与僵化，呈现出一种对新的追求，而超越巴特，这正是与巴特同行的方式，也是唯一的方式。

图7-22 评《罗兰·巴特传》（五）

第 8 章

笔记
积累属于自己的经验

人的记忆力是有限的，
如果想在读完
每一本书后都有满满的收获，
就需要有技巧地做读书笔记，
并持之以恒养成长期做笔记的习惯。

8.1 只要坚持，一定会有效

进入到这一章，讲的不再是清障、收集、分析和判断，而是开始进入动笔阶段，着手制作读书笔记。

关于读书笔记，很多人都不会陌生，甚至一些人曾经也尝试过记录，但不得不说，如果记录方式运用不当，就会给自己带来很麻烦、又没意义的感觉（见图8-1）。

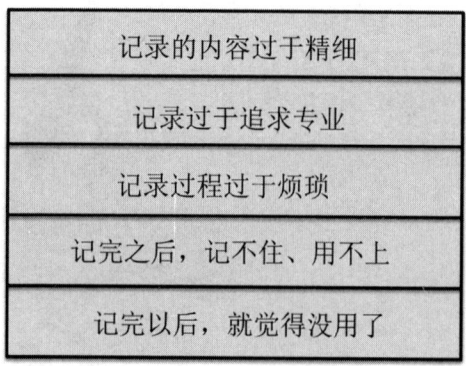

图 8-1　笔记记录不正确的困惑

但是，只要笔记记录的方法是正确的，上述这些困惑就不会出现，而且还会发现记笔记的各种优势。所以说，只要把记读书笔记坚持下去，就一定会有收获。

8.1.1 "笔记读者"与"普通读者"的区别

当你决定以记读书笔记的形式去读书的时候，你对读书的认知也会发生巨大的转变。这种认知的转变就是"笔记读者"与"普通读者"的区别（见图8-2）：

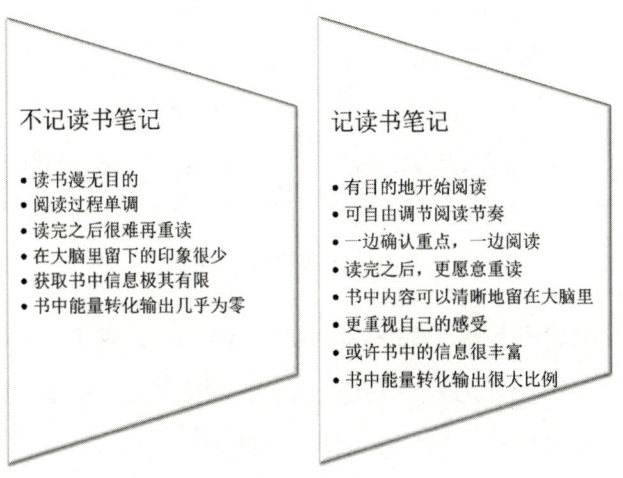

图8-2 "笔记读者"与"普通读者"的区别

8.1.2 写读书笔记的流程方法

坚持任何一件事都不是容易的，需要毅力与方法的共同加持。写读书笔记也是一样,有毅力是基础,有方法则是更进一步的保证。

对于写读书笔记,我推荐"摘抄+感想"的组合方式。但是,谁都不想在结束了一天的辛劳工作之后,还要趴在桌子上抄写两小时。所以,写读书笔记一定要从简从速,既要缩短记述篇幅,又要归纳出文章的精髓(见图8-3)。

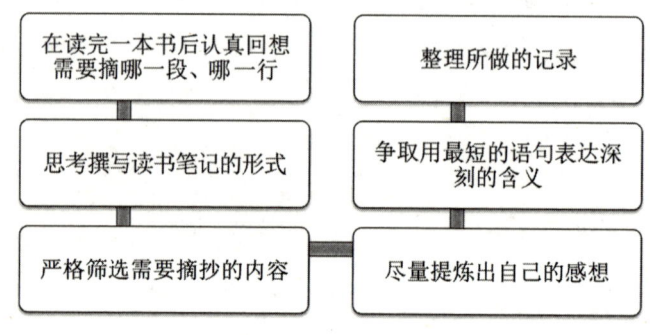

图8-3 写读书笔记的方法

写读书笔记时,如果有些内容实在理解不了,就不要写在笔记里了,略读一下就好。积极地、主动地"跳读",保持阅读的张弛性和节奏感,可以把更多精力集中在书的精华内容上。

8.1.3 读书笔记改变思考方式

阅读界有句名言:"你为别人讲解书中的内容时,才会真正理解它。"

把写读书笔记作为目标去读书,得到的效果也是一样的。阅读只看不写，是文字的输出；阅读过程中写读书笔记，是思想的输出。当你以思想输出为前提去阅读时，思想输入的质量必然会有所提升。可见，读书笔记会帮助我们改变阅读方式，而阅读方式的改变又会带来思考方式的转变（见图8-4）。

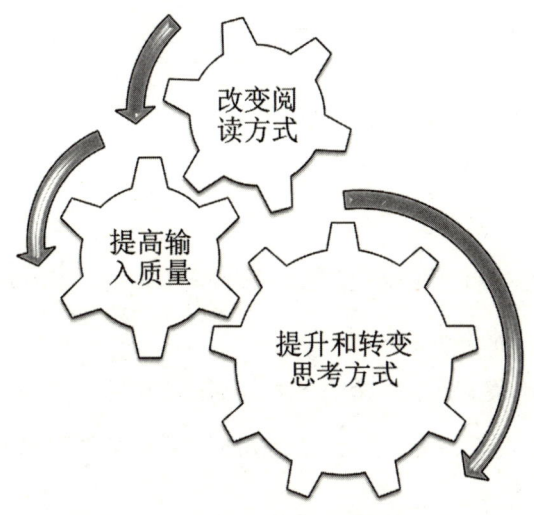

图8-4 读书笔记改变思考方式

8.2

专注于对自己很重要的事情

深度阅读的目的是让自己更好地学习到知识,写读书笔记恰好可以帮我们倍速实现这一目的。

写读书笔记是用自己的方式学习,因此就不要模仿那些评论名家的言论了,去学习、吸收对自己真正有用的智慧和语句才是最重要的。

8.2.1 从一句话开始

什么是一句话笔记(见表8-1):

表8-1 一句话读书笔记

××××年××月××日,读了《×××××××》P1～P57,开篇就很有吸引力。 ××××年××月××日,读完了《×××××××》,比我想象的有意思。 ××××年××月××日,读完了《×××××××》,结尾精彩,需要再读一遍。

上述这样的读书笔记是最简单的,只有一句,因此并未给我们多少信息,就是很简单的一句话,什么也看不出来。但正是这句话的存在,让阅读成了一次看得见的体验。

日裔法国文学家鹿岛茂是阅读爱好者,他曾在随笔中这样阐述读书笔记的作用(见图8-5):

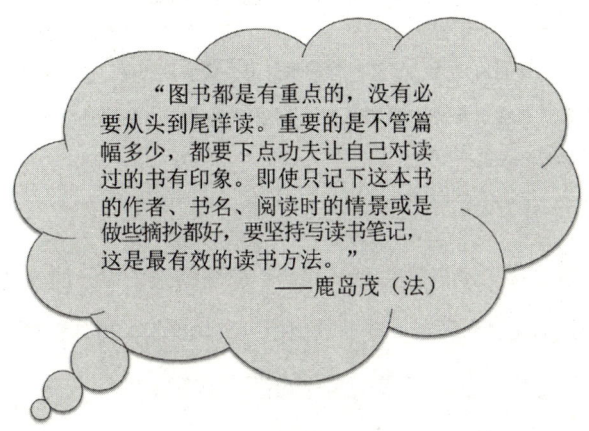

图 8-5　读书笔记的作用

8.2.2　写下自己的心声

自己亲自写的读书笔记,不要去写一些揣测的、他人的或者外来的想法,而是用自己的笔法写自己的心声——想法和感受。这样的读书笔记才更有内涵和价值。

比如,某人在看完《鲁滨孙漂流记》后,想在读书笔记里写上"鲁滨孙真厉害"或者"向鲁滨孙学习"。

这样是不是可以了呢?如果按照"一句话读书笔记"是可以

的,但一句话形式只是学习做读书笔记的开始,不是终点。读书笔记要反映的内容应该是丰富的,就好像不写上鲁滨孙哪里厉害、为什么厉害,下次再读到这句话时就不会觉得有什么意义。建议改成如下写法(见表8-2):

表8-2 写出自己心声的笔记

> 鲁滨孙的体力、智慧和精神承受能力都太强大了。普通人遭遇这种折磨很快就会绝望,他却坚持了14年,真是……鲁滨孙身上有太多值得学习的东西了!

就这样,本来只想写一句话,却渐渐地把自己的感受写了出来,并由此展开思考,读书笔记便充实起来了。当然,写出来的话一定要是对自己有作用的,能帮自己不断提高的。

8.3 将笔记本"一元化"

如果你同时使用三四个钱包,管理起来就会费一些心思,放置混乱的状态总是免不了。但若是仅有一个钱包呢?不管怎么放,东西都在里边,就算是乱一点,找起来也会容易很多。而且,只有一个钱包,空间有限,反而不会乱放了。

将钱包换成文件箱,也同样适用。如果要找的哪份文件不见了,就将文件箱全都倒出来,只要在里面,就一定找得到。(见图8-6)

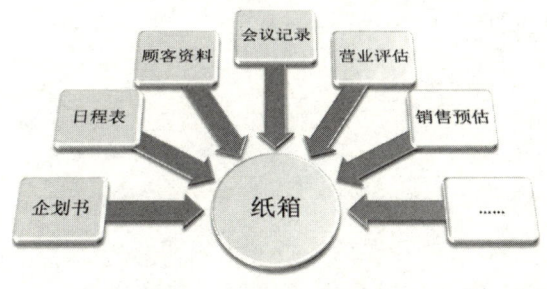

图8-6 纸箱被"一元化"后

其实，笔记本也可以像文件箱一样，成为一个"什么都可以放的容器"。涉及读书的诸多信息就是文件箱里的文件，与书相关的所有信息，存放在同一个笔记本里（一本写不下了，顺延至下一本）。这就是实现了笔记本"一元化"。

8.3.1 把读书相关信息记入同一本笔记

或许你会想到，专门制作一本或N本"读书专用笔记"，只用来记录读书时形成的观点、感慨、创意。看起来，这是相当不错的想法，但从现实角度来看，想把"读书相关"的内容单独摘出来记录，并不容易，因为知识、故事、技巧等都是源于生活。比如，对某个故事产生了感慨就会很自然联想到现实，对某种表述形成自己的观点也一定与自己现实的生活观和价值观相关联。

因此，既然无法明确分开，那就不如让笔记不再分类，在一本什么都能写的笔记本里增加关于读书的记录。这样做会很大程度上消除做笔记的压力，还能融会贯通各种信息。

看起来真是一个不错的方法，那么笔记"一元化"的好处有哪些呢？（见图8-7）

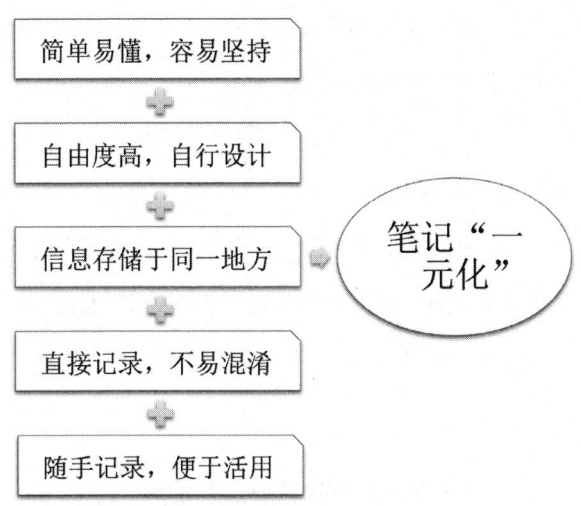

图 8-7 笔记"一元化"的好处

8.3.2 可以记录任何内容

很多人一想到"读书笔记",就立刻将自己束缚起来,认为必须要记录关于读书的内容才可以,否则就是犯规。其实,根本无须这样分类,日常生活中的一切都可以收录进来(如图8-8所示):

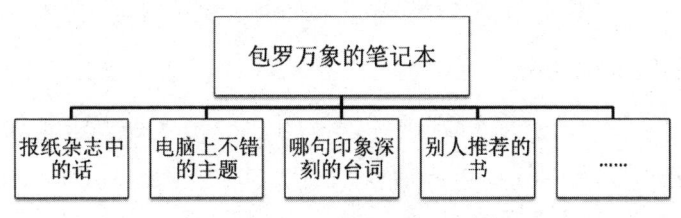

图 8-8 记录任何内容

还可以多记录一些一闪而过的小想法,既可以帮助自己形成书写习惯，还可以更灵活地利用读书笔记，毕竟谁也不知道这些高卧于纸上的想法什么时间能派上用场。

8.3.3 按时间顺序记录

"一元化"读书笔记的内部不用进行分区，也不用按书籍范畴分类，只是写上就好。唯一的要求就是按照时间的先后顺序记录，但不是每日一记录，是可以断链的。这种做法的好处有两点（见表8-3）：

表8-3 按时间顺序记录的好处

好处	详解
不易倦怠	不想写的时候可以连续几天什么都不写，想写的时候写多少都可以
更加放松	偶尔有写不出内容的时候，就留白，内心没有紧迫压抑感
情感真切	什么时间想写就写了，不考虑应该不应该、可以不可以

8.3.4 附上日期

既然是按照时间顺序记录的，就要在每次记录时加上日期。可以有两种方法：

一种是在每篇文章的最前方添加日期，并在文字的最后加条分界线（见图8-9）；另一种是在每篇文章的最后添加日期，并在日期之后加条分界线（见图8-10）。

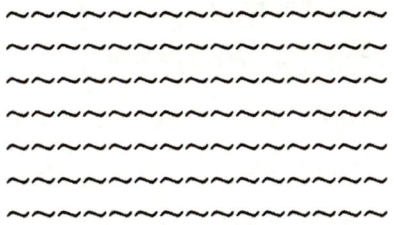

图 8-9　最前添加日期

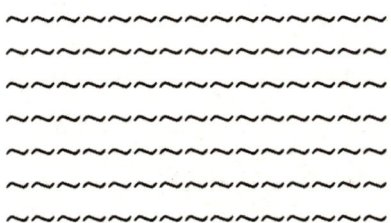

图 8-10　最后添加日期

标注日期的格式一定要统一，或者是"2018年12月3日"，或者是"2018-12-03"或者是"18-12-3"。我采用的是上面图示中的格式。

8.3.5　灵活运用"大写"和简写

这里所指的"大写"，不是英文字母A、B、C，也不是数字壹、贰、叁,而是记笔记时字号的大写。建议用较大的字号来记笔记,这样方便观看。如果字体成型不便写大字,可以采用空一行写一行的方法,同样方便观看,也更利于重读。

简写就如同省略语,曾经有部相声叫作《省略语》,里边将"北京重型机械厂"称为"北重",将"鞍山钢铁公司"称为"鞍钢"。我们做笔记记录也可以采用这样的方式,一些对自己来说比较熟悉的词汇,就可以简写。比如,我就将《权力的游戏》称为"权游"。

做记号的三个步骤

做读书笔记就一定会涉及做标记,可以通过痕迹、符号或是某种物品,帮助阅读者提高效率。做笔记的方式有很多种,比较常见也很便利的方式有三种:叠书角(痕迹)、夹书签(某种物品)、做标记(符号)。

8.4.1 叠书角

这是一种"筛选程序"方法,将最重要的内容筛选出来,分为通读、重读、划重点三个过程。

通读:在通读过程中(可以是一遍,可以是几遍),可以随时把认为有价值的那一页折角(只折下面一个角)。

重读:通读之后,再把折角的几页重新详读,如果仍然觉得某一页或某几页很好,就把页面的另一个角也折起来。

划重点:重新阅读折起上下两角的页面,在其中找出最重要的部分，可以在书上做出记号（见图8-11）。

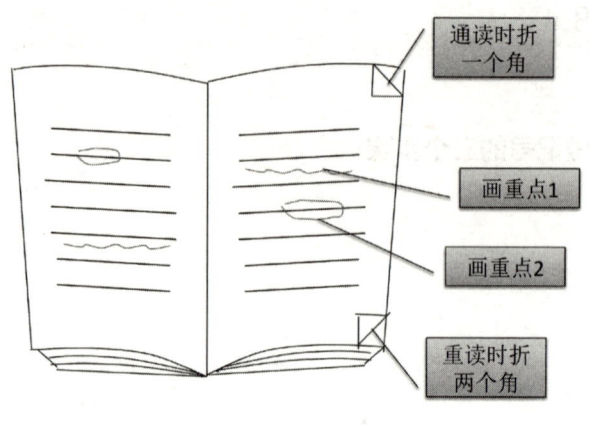

图 8-11　通读——重读——划重点

经过这样慎重的筛选之后，做记号的部分几乎可以肯定属于书中最重要的部分了。日后再阅读该书，可以径直去找做记号的部分；若未能找到，就扩大搜索范围到折起两角的页面。

8.4.2　夹书签

书签是做记号时常被用到的辅助工具。书看到哪里了，拿起书签随手一夹，就记住了。但很多人对书签的利用也只是仅此而已，其实书签还有更好的用途。比如，与通读—重读—划重点结合在一起使用。

首先，准备三种书签（要有明显区分）：通读书签、重读书签、划重点书签。接下来分为三种方式（见表8-4）：

表 8-4　夹书签的方式

第一种	通读中断时，在中断的位置夹好"通读书签"
第二种	通读过程中，希望对某部分进行重读时，在开始页到结尾页夹上"重读书签"
第三种	在重读过程中划重点时，可在该页面夹上"划重点书签"

8.4.3　做标记

在书上做记号的方法有很多种，最经典的就是在文章中画线，直线、波浪线、虚线、双直线等。这样做的好处是，标记与书融为一体，可以清晰找准位置。但坏处也十分明显，书被画得有些乱，会影响再次阅读的感觉。

但是，当我们经过了叠书角和夹书签的过程后，再对书进行标记，就不会画得满篇全是了，而是有针对性地标记。但仍要注意一点，不能所有标记都采用一种模式，而是要有所区分，就像图8-11那样，有波浪线，也有重点圈记。

通常的几种标记形式如下（见表8-5）：

表 8-5　标记的形式

直线	用于"客观上很重要"或"暂时先标记出来"的情况
波浪线	用于"非常重要"或"主观上觉得值得重视"的情况
圆圈（空心）	圈出关键词、专有名词等（辅助直线或波浪线）
三角（空心）	标出关键人名、地名、时间等（辅助直线或波浪线）
重要符号（※）	标出关键句的开头

8.5 "葱鲔火锅式"读书笔记法

在开篇之前,先来看看什么是"葱鲔火锅"。是以葱和鲔("wei"三声,鱼的一种,别称金枪鱼或吞拿鱼)为材料烹制的日本特色料理,葱为配料,而非调料,想要做出美味,葱与鲔是同样重要的。

这就引出本节的主题,"葱鲔火锅式"读书笔记法就是将"摘抄"和"评价"作为同样重要的"食材"进行融合的一种读书笔记法。

摘抄是对自己来说很重要、很喜欢、很有价值的内容,或是句子或是段落。评论是自己当下对所认为重要和喜欢的内容的感慨、观点和理解。

8.5.1 三项信息和两个要素

在写读书笔记之前,必须要注意三个信息(见图8-12):

图 8-12 三个信息

这三个信息能让阅读者很快想起"原来那个时候我读过这本书","哦,这本书我读过三分之一"。

下面两个要素是"葱鲔火锅式"读书笔记法的核心(见图 8-13):

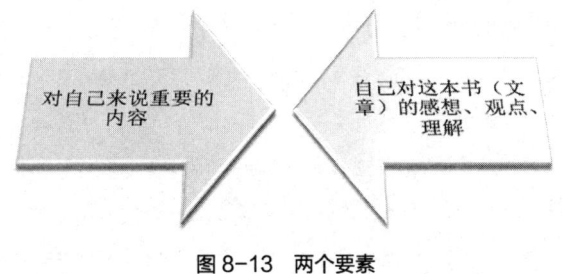

图 8-13 两个要素

8.5.2 四个步骤做笔记

第一步:在开始处写上日期。

第二步:写内容要用大一些的字体,每次换行要尽量留出空白;段落之间要留出一行或两行空白,便于重读或插入文字。

第三步：重读自己做过记号的内容，筛选出自己认为可以抄录下来的内容，但筛选的内容不要太多，要精益求精。

第四步：摘抄完后留出空白，写上自己的评论。

以上四步具体案例表示如下（见表8-6）

表8-6 "葱鲔火锅式"笔记法举例

2018-12-31

《零售4.0时代》/王晓峰/张永强/吴笑一（著）

○美国在设计全渠道零售模式（或者设计一个创新的服务和体验）的时候，把"常识性"放在非常重要的位置上。（P117）

☆"常识性"指的是人们最自然状态下的样子，是最容易被激起的，也最不容易被改变的。

○零售企业一旦掌握了消费者的基础数据，就能够将自己的营销信息第一时间传达至消费者的手机中。（P183）

☆这是零售新时代必须要做到的事情，但仍然有大量的零售企业做不到，是什么原因呢？

○互联网时代带来了信息的扁平化，每个人都是信息的发出者、接受者和传播者，个人和组织之间的不平等地位被打破了。（P205）

☆原本的不平等地位早一天打破，不仅消费者受益，企业受益也更大。因为没有任何强大的体系是靠单边强权获得的。

……

其中，摘抄部分用○表示，评论部分用☆表示，交替标示在每个段落之前。

为了将"葱鲔火锅式"笔记做到价值最大化,有几点要求必须遵守(见图8-14):

总要点:摘抄和评论必须交替进行		
摘抄不要省略	评论不用具体	只摘抄重点

图8-14 "葱鲔火锅式"读书笔记的要求

8.6 通过摘抄促进对书的消化

很多阅读者不愿意摘抄，认为摘抄很费时间，抄完了也记不住，属于做无用功。但是，懂得正确摘抄的人就知道摘抄的价值，通常有两点好处：一是促进和加深对书的记忆；二是加深对书的理解。

日本作家井上厦在《书的命运》中提到，他会在看书时把有疑问的内容全都摘抄到"摘抄本"上，为了方便参考，还会写上出处和页码以及摘抄的日期（见图8-15）。

> "这样的笔记本，我一年能完成五六本。神奇的是，如果附上编号，你甚至能知道这段内容在哪一本书的哪部分。正是因为写过，你才能记住。所以，虽然只是把文章原样抄写一遍，但这是效果最好的记忆法。"
>
> ——井上厦

图8-15 井上厦对摘抄的总结

如果只抄要点，在日后重新阅读时就会感到迷茫，"这到底是引用原文还是我自己的感想呢？"或者是"原本究竟是怎样说的呢？"。

摘抄的过程中，也是你发现作者经过反复思考，藏在文章里的机锋的机会，因为摘抄就等于是完美再现作者的写作意图。

8.6.1　寻找最具代表性的段落和语句

只有让自己感动的最具代表性的段落和句子才值得摘抄，比如在看到某段话或某句话时，内心出现以下波澜时（见表8-7）：

表8-7　以内心波动分辨代表性段落和语句

哇！第一次看到这种描述。
原来是这样想的！
这种说法让人信服啊！
天啊！说得太好了！
……

至于没能让自己心动的句子，不管是客观来讲的重要段落，还是作者重点强调的部分，没有内心共鸣就不用摘抄。

8.6.2　摘抄"原来如此"的，不摘抄"理应如此"的

"理应如此"是与自己的想法不谋而合。

"原来如此"是他人的想法说服了自己的想法。

这两者对比过后，前者虽然能让心灵舒畅，但并未获得什么实际价值；后者虽然会有些不爽，但自己获得了收益。

读一本书，如果都是"理应如此"，身心一定是愉悦的，但这也表示当次读书没有给自己带来新东西。相反，如果一本书的观点颠覆了自己之前的想法，或许会令自己错愕、震惊，甚至让自己的认知发生动摇，但勇敢接受不同观点是让自己不断进步的途径之一。这种文章是值得摘抄的。

8.7 思维导图：将一本书浓缩到一张纸上

"思维导图"又叫"心智导图"，是表达发散性思维的有效图形思维工具，既简单又有效。思维导图运用图文并茂的技巧，把各级主题的关系用相互隶属与相关的层级图表现出来，把主题关键词与图像、颜色等建立记忆链接（见图8-16）。

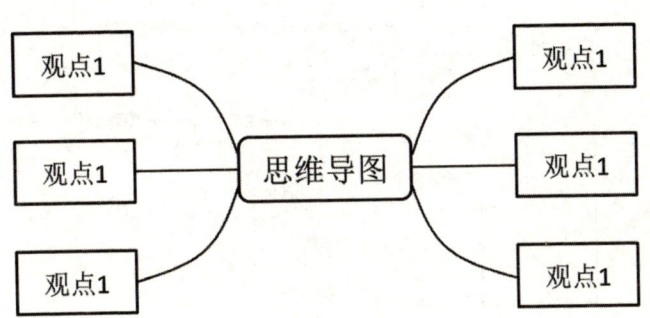

图8-16　简单思维导图示例

总而言之，思维导图是一种将思维形象化的方法。

8.7.1 清楚书中的人物关系、时间脉络和主要人物命运

在一开始读一本书时，总会有这样的担忧：书中的人物不容易记住啊！尤其是一些引进版图书，人名烦琐，更不好记，读着读着就乱了，不知道谁是谁了。每当阅读时出现这种情况，很多人会选择停下来，返回到开头重新读，力争能够记住。但是，像一些人物数量多、人物关系又很复杂的书，再读一遍也很难记住。如果再加上时间脉络，往往更加混乱了。

因此，最好的方法是在第二、第三遍阅读时，拿出纸和笔，将书里边出现的人物，以及他们之间的关系，什么时间发生了什么事，每个人物最终的命运，全部记录下来。

阅读《红楼梦》就需要这个方法，因为书中的人物太多了，人与人交织在一起，每个人的经历也很丰富，最终的命运也各不相同（见图8-17）。

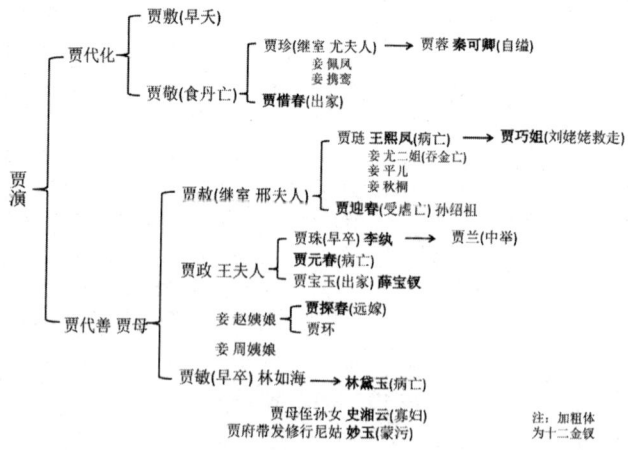

图8-17 《红楼梦》贾府人物思维导图

当然,通过思维导图的形式厘清书中人物、时间、事件脉络的工作,至少应该是阅读第二遍或者第三遍才做的,不能在读第一遍就进行,那样不仅影响阅读进度,还会影响阅读的状态和心情。

8.7.2 "思维导图"的呈现形式

《如何有效阅读一本书:超实用笔记读书法》的作者奥野宣之说:"任何一本书都能以思维导图的模式呈现出来。"

用思维导图去表现一本书是大胆的想法,但却非常有必要。因为总结也是阅读必要的流程之一,除了做笔记的总结外,还可以用思维导图更清晰地呈现。笔记总结再怎样罗列清楚,也不如一张图更能说明问题。

还需要明确一点,不是所有表现书籍的思维导图,都必须要将整本书进行呈现,那只是其中的一种形式,还有很多种呈现形式(见表8-8):

表8-8 思维导图的呈现形式

整书呈现形式	将整本书的内容都浓缩到思维导图中,工程量浩大,但做成之后受益最大	
局部呈现形式	人物关系	仅列出人物关系、命运、结局等
	情节发展	以时间顺序或故事脉络为主线
	地点变化	以地缘为主线
	其他	各种天马行空的形式
多局部联合呈现形式	不一定只呈现某个局部,可以是多个局部共同出现	

第 9 章

复盘
只摄取书中4%的精髓

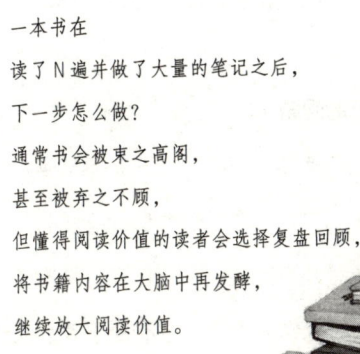

一本书在
读了N遍并做了大量的笔记之后,
下一步怎么做?
通常书会被束之高阁,
甚至被弃之不顾,
但懂得阅读价值的读者会选择复盘回顾,
将书籍内容在大脑中再发酵,
继续放大阅读价值。

9.1

用批判性思维进行复盘

作者写作的时候或多或少都会带有个人见解,而每个人都无法做到绝对客观和理性,所以当阅读者充分了解一本书后,就会发现作者的心理倾向或者观点漏洞。此时,作为阅读者需要做到的是,运用批判性思维有意识地区分书内所表达的事实与作者的观点。

9.1.1 批判性提出自己的问题

可能你已经知道了批判性阅读的好处了,只是不知道如何开始实施,其实有一个很好的切入方式,就是进行批判性提问。

批判性提问不是真的要对作者的观点和写作动机持有正面怀疑的态度,而是用一种批判性的思维来提问,这有助于我们决定是否同意作者的观点。

批判性提问可以分为三大类,我们分类进行介绍。

第一类:有关作者的,提出指向作者的问题(见表9-1):

表9-1　有关作者的批判性提问

作者对这个主题是否有绝对的掌握能力？
作者是男还是女？其性别对观点有影响吗？
作者的背景和经历是怎样的？会影响到他对主题的阐述吗？
作者的写作动机或意图是什么？
作者的立场是否足够客观？若不够客观，主要原因在哪里？

第二类：有关内容的，提出指向文章的问题（见表9-2）：

表9-2　有关内容的批判性提问

作者在书中表达的字面意思是什么？
内容书写是否足够清晰？若不清晰，主要原因在哪里？
作者想要进行哪方面的暗示？真正意图是什么？
书中的细节是事实性的还是改编性的，甚至是编造性的？
书中的观点是否保持一致性？

第三类：有关读者的，提出指向阅读对象的问题（见表9-3）：

表9-3　有关读者的批判性提问

本书的阅读对象是什么人？自己是否是此类型读者？
自己对此书的本质是如何理解的？
书中的信息与自己对题目的已知信息相符吗？有哪些方面不同？
这会在哪些因素上影响自己将要理解的内容呢？
自己会如何运用呢？

9.1.2 批判性阅读的十个原则

批判性思维在阅读和理解书籍的过程中，是一定要运用到的，但却不是时时处处都要运用到，也要遵循一些原则（见表9-4）：

表9-4 批判性思维的十个原则

1	接受书内阐述的新思想。
2	对书内讲述的自己并不知道的事情，不要去怀疑和争论。
3	愈发清晰地了解自己有哪些不足，并通过阅读能弥补哪些不足。
4	意识到对同一事物和观点，不同的人有不同的理解和表达。
5	扩大自己的词汇量，以便能更快速、更深入地理解他人和被他人理解。
6	避免草率地进行归纳、分类、总结等行为。
7	意识到绝对真实的事物和可能真实的事物之间的差别。
8	意识到绝对正确的观点和可能正确的观点之间的巨大鸿沟。
9	质疑任何讲不通的道理。
10	区分情绪化思维和逻辑性思维，两者的理解认知完全相反。

如上的十个原则中，你可以仔细分析自己有几个做到了，有几个没有做到。将这些原则记在纸上，也记在心里，时常提醒自己。遵守这些原则有助于提高你的理解力和对作者观点的理解，同时能够使你渐渐成为一个理性的具有批判性思维的阅读者。

9.2 区分事实与观点

当我们精读过一本书后(工具书、教材等类别除外),往往会对作者的表达感到惊讶或困惑。有这种感觉,是因为我们已经形成了自己对书籍的观点。但无论是作者的观点,还是自己的观点,都不能全部采信,因为没有人会绝对正确。

9.2.1 不盲目相信作者的观点

很可能作者写作讲述的是一个事实,但他的观点或许并不支撑事实,甚至是向相反方向发展的。对于这种情况,我们必须要持谨慎的怀疑态度,仔细分析作者观点中的正确之处和错误之处,然后形成自己的观点。

比如,《史记》中关于武王伐纣有这样的记载(见表9-5):

表9-5 《史记》中武王伐纣片段

> 乃遵文王,遂率戎车三百乘,虎贲三千人,甲士四万五千人,以东伐纣。十一年十二月戊午,师毕渡盟津,诸侯咸会。
>
> ……
>
> 誓已,诸侯兵会者四千乘,陈师牧野。
>
> 帝纣闻武王来,亦发兵七十万人距武王。武王使师尚父与百夫致师,以大卒驰帝纣师。纣师虽众,皆无战之心,心欲武王亟入。纣师皆倒兵以战,以开武王。武王驰之,纣兵皆崩畔纣。

我读《史记》到这一段时,心里产生了几个疑问:

第一,武王发兵时,军车三百乘,讨伐之时就骤增到四千乘,虽然有几百小诸侯前来会盟,但那些诸侯的实力都很一般,不乏一些弱到可以忽略不计的。按照当时的生产力,这么多军车别说造出来,安置得需要多大的场地!

第二,纣王发兵70万人也有非常大的疑问。商周时期的范围仅限于黄河流域,一共能有多少人,有人说几十万,有人说几百万,可以肯定最多也就三五百万。刨除分封之地,商天子直辖又能有多少地方?可见兵力是不真实的,恐怕要缩小到十分之一才有点可信度。

仅仅是举例而已,不论作者是谁,阅读者都不能盲目轻信,要保持自己的判断,才能让阅读的价值不断提高。

9.2.2 辩证看待自己的观点

很多人在阅读过后,用辩证思维分析了作者的观点和意图,形成了自己的观点,就认为大功告成了,把自己的观点当作"金科玉律"一般,成了不允许反驳的论点。这是非常错误的,任何观点的形成都不是一成不变的,是要经过不断被怀疑,不断被修正,不断被验证,这一些反反复复的过程后,才能最终成立(见图9-1)。

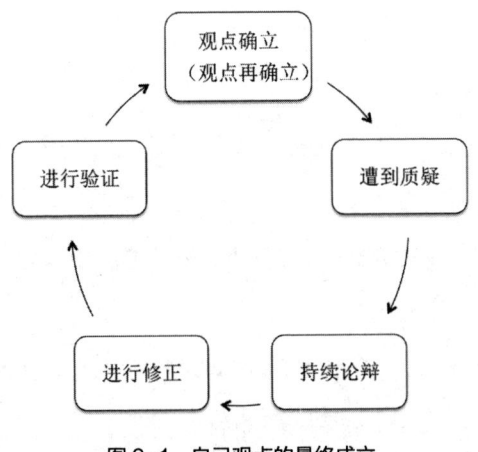

图 9-1　自己观点的最终成立

而且,既然作为阅读者可以质疑、推翻作者的观点,那么作者也有权利质疑和推翻阅读者的观点。阅读者心里要有这种意识,以此检验出隐藏在自己心里的偏见。

9.3

通过重读笔记提升自我

"笔记上标记的第三部分和第六部分,讲的虽然是同样的内容,但刚才重读的时候,感觉第六部分还是更深刻一些。"

"这几页的内容虽然不是作者想要表达的主旨,但如果去掉这部分,就没办法承上启下了。"

"上次读到这里,就对这句话印象特别深刻,所以只摘抄这一句就可以了,其他相关内容都不用摘抄了。"

当你像这样一边思考一边选择要摘抄的文章时,就会不由自主地跟着重读几遍,尤其是对还没有完全理解的部分。在这样不断思考、不断重读的过程中,你会发现,自我已经得到了持续的提升。

由此可见,重读自己花费心血记录过的笔记,对于阅读书籍的深刻理解和自我认知的提高有着非常重要的作用。

9.3.1 在固定场景、设固定时间重读笔记

毫无疑问,重读笔记能够加深理解,若是在每次重读时,加上一条新评论,还有助于丰富认知结构。但是,如果只是为了重读而重读,去漫无目地翻开笔记本,效果就要差很多了,不仅难以集中精力,重读也难以坚持下去。

因此,我建议选择一个固定场景进行重读。比如,在自己的生活圈里确定一个"重读笔记时间",睡前、清晨、运动后、洗完澡后都可以。我把自己的重读时间定在晨练结束后的时间段,大概在清早7:00~8:00(见图9-2)。

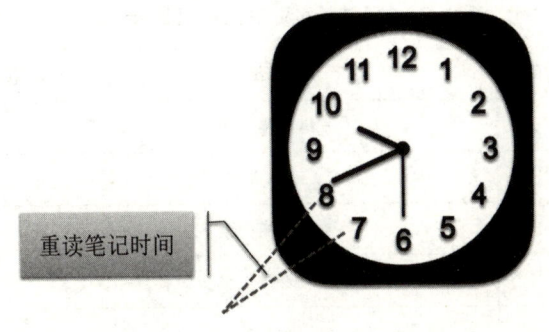

图9-2 确定"重读笔记时间"

还可以把重读时间安排在乘坐火车或飞机的时候,读书看报的疲劳期时,情绪状态不太好时,或者干脆就是闲来无事的时候。

就好像出于好奇去翻阅旧报纸一样,在不知不觉中又获得惊喜。当你翻开读书笔记时,或许会感慨"我当时是这么认为的啊!"或者"我竟然还有过这么奇怪的想法,哈哈……"

9.3.2 养成重读的习惯

任何习惯的养成都需要时间的陪衬,想让重读成为习惯,就一定要让这种行为成为不可或缺的习惯。安排固定的阅读时间,然后量化重读的频率,可以是一周一次、一周两次、两天一次、一天一次,根据自己的具体情况而定。但建议频率最高不能高于一天一次,最低不能低于十天一次。频率过高会让重读成为负担,增加重读的心理难度;频率过低则重读失去了效果,达不到通过重读提高自我的目的(见表9-6)。总之,重读时间确定后,就要持续地坚持。

表9-6 重读的频率及执行监控(两天一次)

重读时间	所读笔记	是否重读
1月1日	《格列佛游记》	√
1月3日	《一九八四》	√
1月5日	《高效能阅读》	√
1月7日	《精准拉伸:疼痛消除损伤预防的针对性练习》	√
……	……	……

重读不必连续固定地读一本书的笔记,可以连续几次读一本书的笔记,可以每一次换一本书的笔记,甚至可以每次重读几本书的笔记。

9.3.3 在重读的过程中获得收获

因为读书笔记里都是自己抄下来的精彩选段和作出的最精彩评

论,所以只要能安心重读,就一定会有新的发现。有些时候,重读会让我们有恍然大悟之感,曾经一知半解的事情,忽然就柳暗花明了。

从2016年2月19日开始,我阅读捷克作家卡雷尔·恰佩克所著的《各种各样的人》,过程中做了很详细的读书笔记。2018年5月7日,我重读当初的笔记,看到里边完整地抄写了《美国派》,这是作者写给纽约报社发行人的一封信,主要内容是对美国文化进行批判。当时我觉得这篇文章里有些内容对我非常有用,就抄写下来,并对抄写的原因进行了说明,最后还做了评论(见表9-7、表9-8)。

表9-7 抄写《美国派》的原因说明

因为觉得恰佩克盖房子的故事很有意思
他当时只是想盖一幢古典风格的房子,开工后却进展迟缓,工人们经常旷工,喝酒、聊天是常态,一幢在美国只需要三天就能建成的房子,在欧洲却用了两年。
足够震惊啊!
但恰佩克认为这就是欧洲精神的伟大之处,两年时间里与工人们关系融洽,"我和我的家就这样建立起了非常亲密的关系。"

表9-8 对《美国派》的评论

美国人会在做一件不重要的事情时(乘火车、吃午饭、打高尔夫等)加入进重要的事情(写报告、开小会、谈生意等)。但欧洲人不会,做一件事的时间不会同时去做另一件事。恰佩克认为,这两种方式恐怕都是在浪费时间,但都没有浪费自己的人生。

重读时,我看到了当初摘抄的内容,也看到了摘抄说明和评论。当我读过之后,大有所悟,在笔记本的下方写下了新的评论(见表9-9):

表9-9　重读《各种各样的人》对《美国派》的新评论

有质量的浪费时间不算什么,没质量的浪费人生才是不被允许的。 　　　　　　　　　　　　　　　　　　　　2018-5-7

9.4

自问—自思—自答

法国哲学家勒内·笛卡儿说:"阅读好书,就像跟过去最优秀的人物对话一样。"

与优秀的人说话,不能是简单的嘴巴的交流,还有思维的交流,需要不断地自问、思考,然后在相互的交流中做出回答。

自问—自思—自答是思维逐渐升华的过程。我们看完一本书,有了充分的了解,也就有了和它进行思维交流的资格,可以向它提出自己的疑问,再经过修正性的思考后,做出最正确的回答。

9.4.1 应该边"问"边读

问:发现问题和解决问题,哪个更难?

答:……

我们不做回答,先来看看如何才能发现问题。有些时候,问题已经露出萌芽了,但总是有人看不到,一定要等到问题爆发后才能意识到,再去想办法解决。不过令人惊讶的是,很多看起来令人绝望的难题,总能被解决。

可见,发现问题才是更难的。所以,能提前预知病的扁鹊比能救人于生死间的扁鹊厉害;发现"费马大定理"的皮埃尔·德·费马比证明该定理的安德鲁·怀尔斯伟大。

有了问题,人们才会关注,并试图找出答案。拥有再优秀的头脑,没有问题也没有用武之地。

日本儿童文学家吉野源三郎所著的《你想活出怎样的人生》,书名就是疑问句形式,内容并非单纯地罗列提问和回答,而是在思考答案的过程中,又生出了新的问题,由此逐渐揭示整体面貌(见表9-10)。

表9-10　《你想活出怎样的人生》节选

没有人能简单地向你说明:"社会是这么回事,人活着有这样的意义。" 　　我可以教你英文、几何、代数;但是我无法教你,人聚在一起组成社会、每个人在其中过着各自的人生,具有什么样的意义、什么样的价值。 　　你知道水是由氧和氢组成的吧。你当然也知道,氧和氢的比例是一比二。 　　像这种事情,我们可以用语言完全正确地说明,在教室看了实验,一定会马上点头同意。 　　然而,如果说到冰水有什么味道,就只能由你亲自喝喝看才能明白。 　　不管别人怎么说明,只有喝过的人才知道水真正的味道。

> 同样地，我们无法对天生眼盲的人描述红色是什么样的颜色。唯有等到那个人有了视力，实际看到红色，才能明白。
>
> 人生也有许多这样的事。
>
> 关键，在你自己。
>
> 自己在某个时间、某个地方受到感动，这种无法重复的经验，才是真正属于你的思想。
>
> 时时从自己的亲身体验出发，诚实地思考。
>
> 小哥白尼，这件事情真的非常重要！

本书讲述一位十五岁少年"小哥白尼"在大学毕业的舅舅的思想启发与引导下，探索了友情、贫富、歧视、霸凌、人与社会、勇气等课题……

内容中，每一句都不是常规上的提问，但几乎每一句又都回答了上一句的提问，又对下面提出了问题。读书也可以这样，对书中内容提出自己的问题，并确认问题，接下来再去解决问题。

9.4.2 通过思考，培养自己发现问题的能力

想要解决问题，必须要有发现问题的能力，彻底排除做无用功的情况。有能力发现问题的人，他们的共同之处在于，经验的积累会成为问题发现的最大助力。

但是不能仅靠生活去积累"经验值"，毕竟我们的人生没有那么多"打怪"的机会，因此其他途径的利用就显得重要了。阅读就

是其他途径中最好的方式，不管能不能走万里路，也要读万卷书，所谓"身体和灵魂，总要有一个在路上"。

积累经验的年龄，同所获得的经验值是成正比的。现实经验只有经过岁月才可获得，书本的经验却并不完全依赖时间的长度，更依赖阅读的宽度和厚度（见图9-3）。

阅读的数量与质量决定了解决问题经验的积累

生活中遇到问题的难度和解决方式决定了解决问题经验的积累

图9-3　现实经验与书本经验

通过重读为思想增色

重读应是随时的、短时间的,所以重读不要占用太多的时间,也不要读得过于详细,更不要大篇幅地去读原书。我推荐重读按照下面的状态进行(见图9-4):

图 9-4 重读的进行状态

9.5.1 在不同"场所"中留下思想的影子

当你有些不耐烦地觉得"这本书我读过很多遍"时,说明你已经对这本书有了自信。当你对很多书都有这种感觉时,那么恭喜你,你真正地形成了对生活的自信。

日本作家东野圭吾说过:"如果拥有五本可以随时拿来重读的书,那么你已经成为了一位出色的读书专家。如果拥有十本可以随时拿来重读的书,你就堪称生活中的强者。"

重新阅读读书笔记不仅可以加深记忆,还可以谱写自己与书之间特别的故事——"场所"与"照片"间的故事(见图9-5)。

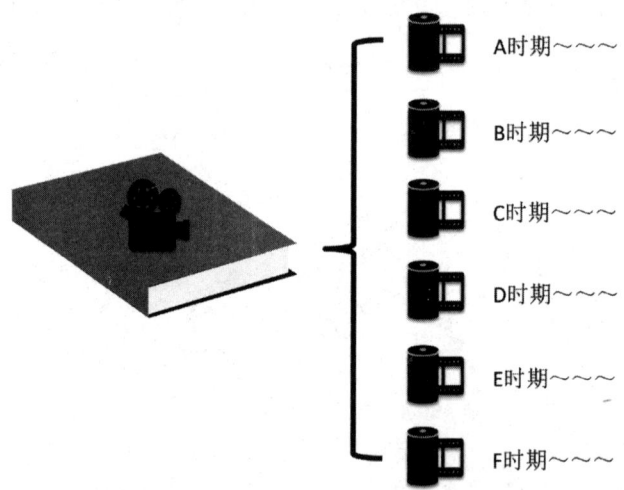

图9-5　"场所"(书)与"照片"(不同时期的读书笔记)

如果把一本书比作一个独有的、特殊的"场所",那么读书笔记就是在这个场所拍摄的照片。读书笔记代表我们不同时期的观点和状态,而在不同时间去"同一个场所拍照"(阅读同一本书),拍出来的"照片"(观点和状态)一定会有所不同。过段时间再去看这些照片,对那个场所的印象也会发生变化。

9.5.2 重新写一遍读书笔记

读书笔记不仅可以重读,也可以重写。如果你对某本书感兴趣,我建议你在一段相当长的时间后(通常要两年以上)重读时重新做一次读书笔记。重做读书笔记的时间跨度和次数对于对书籍的理解起着不同的作用(见表9-11):

表9-11 重做读书笔记的时间跨度和次数与作用的关系

	1次	2次	3次	4次	5次
2年	理解由浅入深				
4年		切入深度理解			
6年			深度理解		
8年				发现隐藏含义	
10年					正视深度隐藏

注:此表并未全部填满。因为各人阅读的能力和状态不同,每个人具体的重写笔记的次数和时间跨度也不同,这种阅读作用不能有硬性标准,各人可以根据表中所示,得出自己所处的标准。

不是每一次重读都要重做一次笔记,而是觉得这次重读自己又有了更多的认识,才需要重做笔记。总之,这种方式可以最大限度地避免自己在目光短浅、理解偏颇的状态下下结论。

第 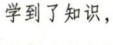 章

输出
把读到的知识转化成能力

学到了知识,
不是为了存储,
而是要以自身能量的形式加以输出。
阅读的终极目的是运用,
借此提升自身价值。

10.1

输出从"讲出来"开始

积累知识是需要输出的,将知识转化为力量,为自己的人生助力。当然,在具体的转化成实力之前,可以先转化为沟通力,将知识分享出去。这个过程非常重要,既锻炼了自己的表达能力,又检验了自己的阅读成绩,更重要的是考验了自己对知识的吸收程度。

10.1.1 用一两分钟把书的内容"解说"清楚

很多人将书反复阅读之后,都装在了肚子里,认为这就可以了。其实,不找机会调取出来,与将书塞在书架上没读过有什么区别呢?知识一定要释放出来才算真正学到了,也才会在需要的时刻随时调用。

于是有人会想,如果能像大学教授那样将一本书滔滔不绝地讲解出来,是不是就证明吸收得非常好?但多数人并不具备那样的讲授能力,很难自如地"发表成果"。在这种状态下就需要将标准放宽，可以先在一两分钟内向别人讲清楚，以后再逐渐增加讲解时间（见图10-1）。

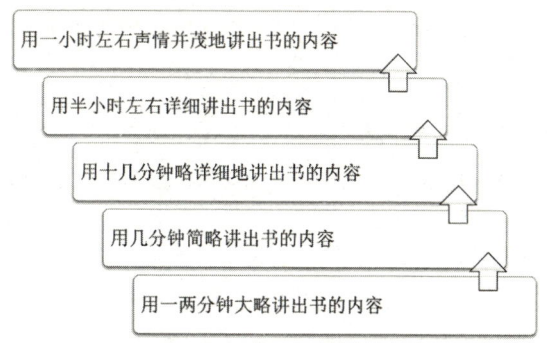

图 10-1　向别人讲解书中内容的能力的提高过程

10.1.2　给自己营造讲述的条件

不是人人都能做到不紧张地讲述的，其实不紧张的人很少，大部分人在人前讲话会感觉尴尬、没底气。该怎么办？可以预先进行一些训练（见图10-2）：

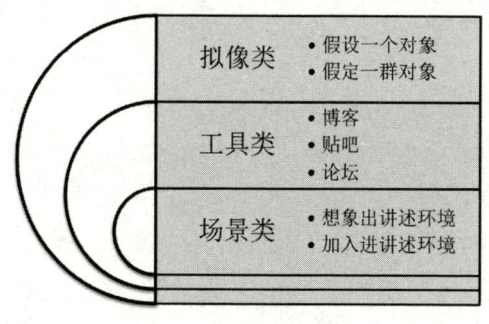

图 10-2　讲述之前的训练方式

10.1.3 在讲述时尽量引用书中的部分内容

记住这一点，阅读后的记忆和印象是容易被唤醒的，这也为阅读留下了证据。唤醒之后我们可以将书中的内容具体引用，再加以说明。其实，引用书中内容的最大好处是令人信服。

就好像修车一样，谁都首选原车装配的配件，因为与车最为贴合。实在找不到就找原厂的，再不合适可能宁可先停着，也不会换不好的配件。

听别人说话也会有这种心理，想要让人充分明白和理解你所讲解的，最好能"引经据典"一番，拿出原文证据，再给出具体阐述。

10.2 通过"RIA"将书拆为己用

"RIA"是时下一种流行的拆书模式,就是将书分为一段一段后,进行分析和运用。如果你是这方面的小白,没关系,只要按照以下的步骤进行,RIA小白也可以快速成行家(见图10-3):

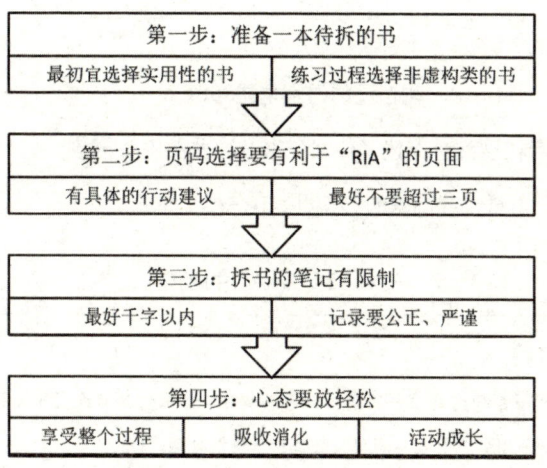

图10-3 "RIA"的步骤

这个步骤需要一段时间的练习之后,才能体会到其中的好处。下面提供一个拆书模板,仅供参考:

第一步:R——复制原文。

介绍书籍名称,并介绍书籍作者和类型(见表10-1)。

表10-1 "RIA"中的"R"

> 原文片段选自《这样读书就够了》P93/赵周/讲解类
> 【R】
> 　　拆书帮的理念如何落地?具体有3种实践方法:RIA便签读书法、拆书帮现场学习和拆书帮俱乐部。自己运用拆书帮理念读书,便签读书法足以帮你实现;一群人在拆书家的指导下把图书的知识拆为己用,这就成了一次拆书帮现场学习;组织一群人定期、持续地进行拆书帮学习,不仅造就学习者,而且可以有意识地培养、造就拆书家,这就是拆书帮俱乐部。

第二步:I——用自己的语言重述知识。

作者在这部分阐述了什么?涉及哪些关键词或观点?具体含义是什么?怎样推导出来的?(见表10-2)

表10-2 "RIA"中的"I"

> 【I】
> 　　拆书帮理念的三种实践:自己读书时候使用,参加线上和线下拆书学习时使用,参加拆书帮俱乐部进行晋级时使用。

第三步：A——从这个案例中收获到的。

可以分为：A1描述自己的相关经验；A2以后我要怎样用（见表10-3）。

表10-3 "RIA"中的"A"

【A1】

我很想学习拆书，成为拆书家，所以报名了线上学习便签拆书法。但这只是学习的开始。将来自己在看书的时候，要更多地运用便签读书法进行学习。

【A2】

我想要更快地成长，就必须持续进行拆书学习。比如，坚持每日一拆，每天睡前看书时做一次拆书，至少10分钟，并把练习后的拆书发到简书上，请小伙伴们帮助修改。然后每周分享一篇，不怕写得不好，只有分享才能有更多的收获。

10.3 将笔记中的重点与生活现状相结合

书看过了,笔记也记完了,接下来该做什么了?学会了就要用,还要"活用",将从书中学到的知识和在笔记上积累到的经验利用起来,转化为自己的精神财富和切实的实力。

但无论怎样转化,有一个要点必须要记住:要结合自己生活的现状。因为知识与现有生活状态结合起来,才能形成最强大的改变生活的力量。

10.3.1 做笔记时侧重自身的不足之处

在书写读书笔记时,就要将生活放在其中。一本高质量的读书笔记,一定能在其中看到一个人生活当中的影子。

某位朋友在读过两遍《三国演义》之后,开始在读第三遍的时候写读书笔记,截取笔记中的几处评语(见表10-4):

表 10-4 《三国演义》读书笔记（一）

> 评第二回："张翼德怒鞭督邮　何国舅谋诛宦竖"
>
> 遭遇欺压，该反抗一定要反抗，不然对方更易变本加厉，自己更无退路；简单的事情就简单应对，不要思虑太多，不要节外生枝。
>
> 评第十四回："曹孟德移驾幸许都　吕奉先乘夜袭徐郡"
>
> 机会来临时从来不是轰轰烈烈的，而是悄无声息的，在许多人都无动于衷之时，有智慧的人就已经看到了，并且不顾一切地去抓住机会，在这期间的一切阻碍都不是问题。
>
> 评第一零六回："公孙渊兵败死襄平　司马懿诈病赚曹爽"
>
> 当一个人多年不得施展而终得机会时，一定要"伏之久者飞必绝"，不能有一丝一毫的犹豫和不忍，机会留给有准备的人，也留给果断出手的人。
>
> ……

通过这三段截取笔记可以看出，这是一个真实生活性格比较犹豫的人，不懂得抓住机会，更没有豁出去的心理。所以，他在阅读时会着重看书中人物是如何做的，再结合自己的现实，用写笔记的方式勉励自己。

10.3.2　做笔记也要关注自己的优势

上一个方法是通过做笔记提醒自己要不断地改掉缺点。但笔记不是聚集负能量的地方，每个人都有优点，这只是用来时刻提醒自己，不断完善和发扬优点的。

还是上面这位朋友，看看他的《三国演义》笔记中，那些能够反映他性格和能力优势的片段（见表10-5）。看完之后，分析看看他有哪些性格和能力优势。

表10-5 《三国演义》读书笔记（二）

评第二十一回："曹操煮酒论英雄 关公赚城斩车胄"

人活着必须要有理想和抱负，虽然眼下活得苟且，但不代表未来一直苟且，只要有理想，咸鱼或许就能翻身。

评第二十七回："美髯公千里走单骑 汉寿侯五关斩六将"

任何时代，最终决定一个人的是品德，高尚＋坚韧的品德。这是最好的时代，也是最坏的时代，但永远都不会是没品人的时代。

评第五十回："诸葛亮智算华容 关云长义释曹操"

拥有一颗感恩的心，别人投之以桃，你必要报之以李。这个过程中感恩的和被感恩的，都是闪光的。

……

10.4 根据从书中获得的想法，制订行动计划

书中不仅可以获得知识，还可以获得解决问题的提示，甚至是直接的方法。如果我们受到了启发，可以在笔记中记录下来。

10.4.1 必须知道的三个原则

"拿来主义"很少有拿过来直接就能用的，因为书中方法的环境与当下自己所处的环境，一定是不同的，书中所提到的问题形成原因也与现实中问题形成的原因不可能一致。所以，不能直接"拿来就用"，必须要懂得原则性改进（见图10-4）。

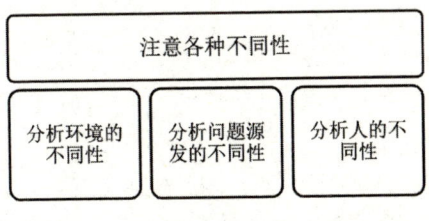

图10-4 减少阅读"拿来主义"的三个原则

10.4.2 制订行动计划要灵活多变,抗压持续

行动起来才能将书本的知识运用于实际,行动不能是盲目的,必须要事先进行计划。制订计划的智慧来源最多的途径就是读书。计划的制订不能随心随性,而要有根有据,有理有据,既照顾现实,也兼顾未来。因此,制订出的计划必须是灵活的、多变的、抗压的、持续的(见图10-5)。

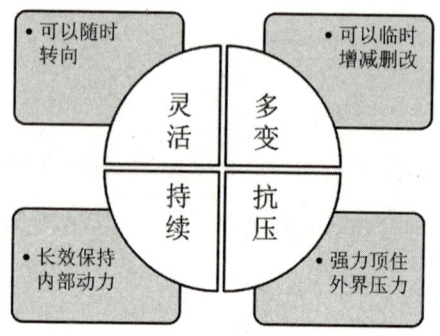

图 10-5 制订计划必须具备的四个特性

10.5

用书中的知识弥补行动与目标间的差距

当我们准备行动时,需要先制定目标、制定流程、制定预防机制、制定防患策略,待一切齐备后,就可行动了。可是,行动的结果总令我们无法满意,因为与目标之间存在着差距。这种差距令人不爽,有什么方法补足呢?最好的方式就是向书本(图书和笔记本)借智慧。

10.5.1 对书中的知识要有价值观的筛选

提问:书中的知识都正确吗?显然不可能,书是人写成的,或多或少都会带有个人倾向性,因此对书中知识要批判性分析,不能全盘接受(见图10-6)。

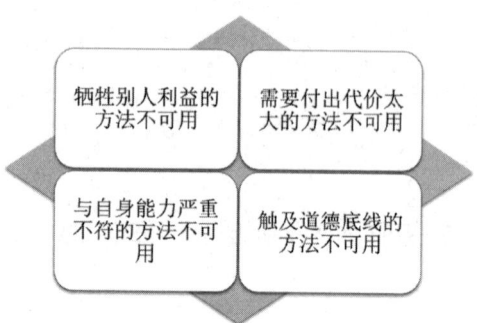

图 10-6　对书中知识的价值观判断

10.5.2　对方法不断改进，拉近行动与目标间的差距

方法的制定不可能是一步到位的，那么方法的执行也不可能是一帆风顺的。在执行过程中要不断思考和监控方法的正确性，如果发现方法的执行出现了错误，就一定要停下来改正。其实，如果你足够细心就会发现，整个过程都离不开书籍相助（见图10-7）。也就是说，只要你想去运用知识，知识就一定能成为你的帮手。

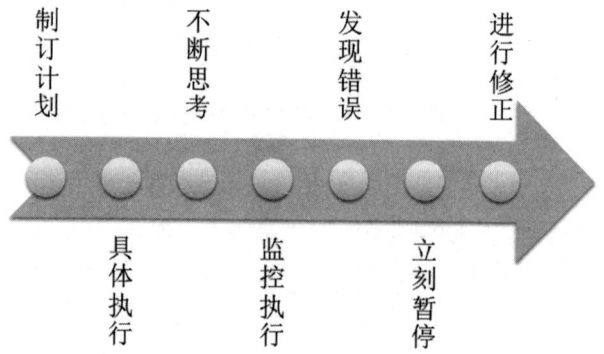

图 10-7　从制订行动计划到不断改进的直线过程

经过这样的过程后，原本不那么严谨的计划被逐步完善了。其实，这个类似自检的过程很可能不是一次性完成，需要循环几次才可以（见图10-8）。

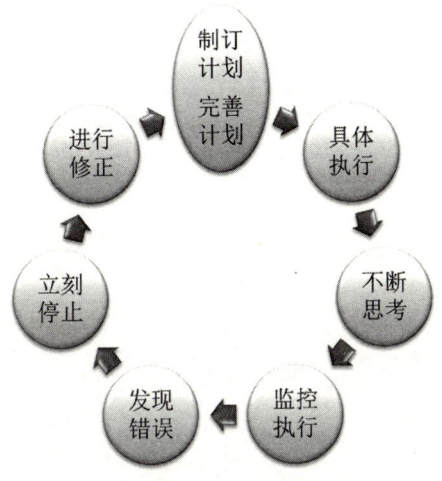

图 10-8　从制订行动计划到不断改进的循环过程

附录

各类书籍的阅读方法

1 故事书：无视障碍，不间断阅读

阅读故事类书籍的最大障碍是关系——人物关系、时间关系、地理关系、情节关系，以及这些关系相互间的关系（见图附1-1）。

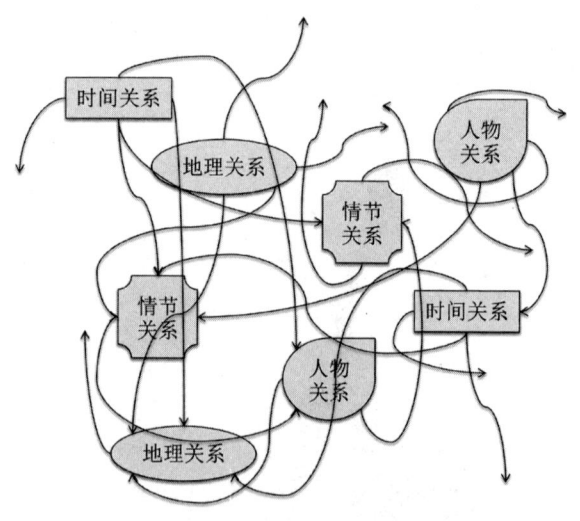

图附 1-1　故事类书的阅读障碍

有时候读了三分之一甚至一半，仍未能了解清楚全部的人物关系，自然，故事的脉络也会觉得混乱。每当遇到这种情况，内心不

要焦急,也不要期望通过记录就快速记住这些,因为一旦选择拿起笔,就会打乱阅读的节奏,最终会出现人名、地名、时间都搞得挺清楚,但情节又乱了的情况。

其实,最好的方法就是一口气把书读完。因为读到故事的后半段,整个故事的脉络就愈发清楚了,再去回想前面的情节,即便各种关系仍然搞不太清楚,对故事的认知却是正确的。这样就解决了前面关系混乱的问题(见图附1-2)。

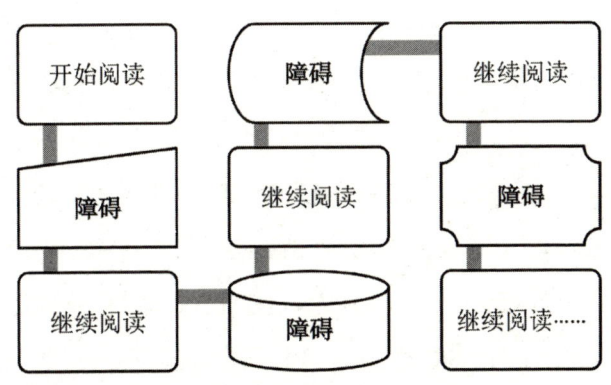

图附 1-2　跳跃故事书的阅读障碍

我们没有理由因为开头读不懂,中间理不清楚,就不再读下去。要相信一个人名出现十次和出现一百次对你造成的影响是绝对不同的。我们在阅读故事类书籍时,要做的就是不要太在意暂时的障碍,放平心态,继续读下去,自然会柳暗花明。

2 侦探小说：带着破案的心态缜密分析

关于如何阅读侦探小说，日本著名推理小说家横沟正史给了一点非常重要的建议：不能游离于小说之外，不能把自己当作旁观者。

其实，侦探类小说的情节会自然形成一个带入过程，因为阅读者要跟着案情的发展去思考，会不由自主地跟着"破案"。如果阅读者没能进入剧情之中，也就是没能把自己当成破案的侦探，就无法身临其境地阅读侦探类小说（见图附2-1）。

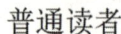

图附 2-1　把自己带入进侦探小说的情景中

其实，侦探类小说，不只是简单的推理小说，其中能反映出

很多问题,譬如当时社会的现状,人们生活的情况,当时的人文环境,当时的政治环境,等等。如果进入剧情中,会感受得更加深入。

3 历史著作:抱着怀疑的态度去阅读

对于这类书籍,我们先要明确一点:历史更偏向于故事,而不是科学。这是时代的大背景所致。因此,我们在读历史书时,必须要抱着怀疑的态度,谨记读历史书的目的(见图附3-1):

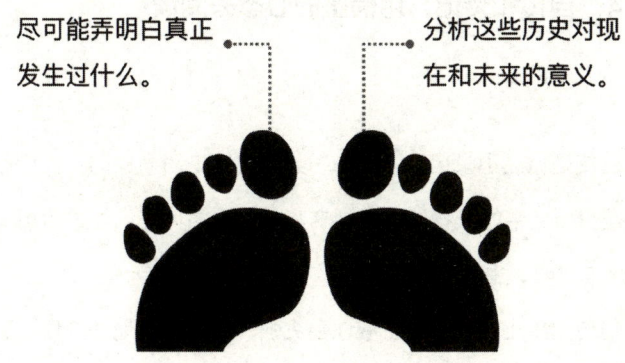

图附3-1 读历史书的目的

对于目的一：我们要做的是像"007"那样，有敏锐的洞察力和判断力，对一件涉及多方的历史事件，要去阅读不同人对这一事件的记述、分析和评论，尽力找到历史真正的样子。

对于目的二：要带着问题主动地阅读，阅读的目的是为了找到问题的原因和答案。古希腊历史学家修昔底德说他写历史的原因是："希望经由他所观察到的错误，以及他个人受到的灾难与国家所受到的苦楚，将来的人们不会重蹈覆辙。"

我们阅读历史书，很可能也是在思考如何解决当下的问题，而这个问题，在历史里一再重演。

4　自传和传记：用借鉴的心态去阅读

自传是自己记录自己一生的书。历史书是写事件的，自传和传记都是写历史中的人物的。传记书写时，主角可能已经成为历史，而自传书写时，主角还是当下。

与传记相比，自传的主观性会更强，毕竟客观地评价自己恐怕是这个世界上最难的事情之一。因此在阅读自传时，一定要保留怀疑的态度。

因为自传是记述个人经历的,与阅读者是"个体—个体",对于个人来说是有借鉴意义的,甚至能够影响一生(见图附4-1)。

图附 4-1　自传对个人的影响

与自传相比,传记是别人书写的,客观性要强了很多,但仍会带着作者的个人色彩,所以存疑地去看还是有必要的。传记与自传一样,也有很强的借鉴意义,对于个人是具有正面意义的。

在读传记之前,要知道传记分为两类(见图附4-2):

图附 4-2　传记的类别

5　社科书：重点思考其中的问题

社科书的全称是"社会科学读物",包括的类型很多,人类学、经济学、政治学、社会学,等等,都属于这一类。

对于社科类读物,因为和我们的生活联系紧密,大部分人并不陌生,阅读起来也并不困难。但是,因为社科类书籍所涉及的学科和知识非常广泛,往往不能通过只看一本书就能对全书进行定义和理解,所以需要进行主题阅读,也就是通过阅读大量相关的作品来对一本书的内容进行结构性和整体性的思考(见图附5-1)。比如,

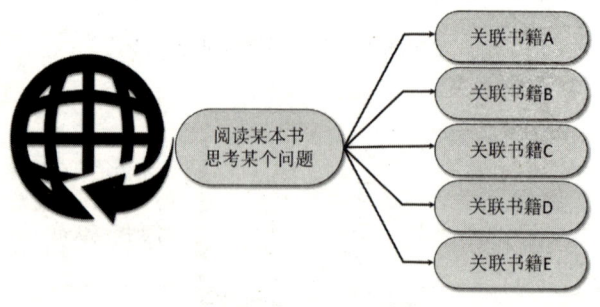

图附 5-1　针对社科类书籍的主题阅读

思考政府为什么要设立并确定最低工资收入标准,就需要从政治学、经济学、社会学、伦理学等方面去整体思考,要阅读的书目绝对不能限于一本。

6 哲学书:用回归生活的视觉反复阅读

必须先纠正一个普遍性的认识,就是认为哲学离我们的现实生活很远。事实上,哲学思考的问题是最接近现实生活的。比如:我们是谁?生活的意义是什么?什么是正义?什么是道德?为什么要善良?

只是当哲学家们用哲学术语讨论的时候,它就变得"听不懂"了,这时它才变得"远离生活"。不过那只是哲学家们的事,对于普通人来说,除了哲学上的专业术语有些难懂之外,可以让它回归到生活中。

前提是必须在阅读的过程中积极主动地思考,发现我们的想法或许和某个学派有着类似的观点,只是他们能用更严谨、更成体系的语言表述出来而已,而我们要学习的,是如何为自己的观点辩护(见图附6-1)。

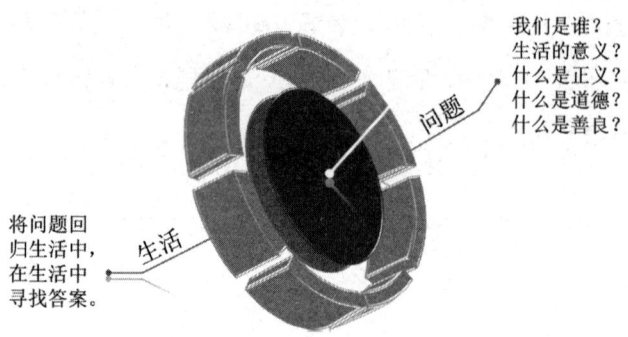

图附 6-1 哲学回归生活

7 史诗和戏剧：借助想象力去阅读

阅读史诗和戏剧类书籍时，我们应该任由大脑天马行空，尽力去想象书籍中描绘的场景。如果是戏剧，还需要想象舞台上的背景布置、人物站位、表情、语气，甚至配乐，以最大限度地在脑海中构建一台戏剧（见图附7-1）。

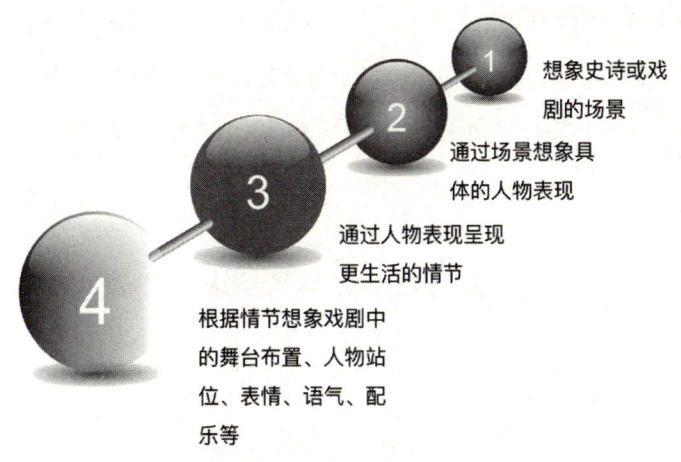

图附 7-1 史诗和戏剧的想象阅读

同样重要的规则是,史诗或戏剧作品最好一口气读完。不间断地阅读史诗作品,能给人的内心带去极大的震撼和冲击。但是,剧本在可阅读性上比史诗作品要差了一些,毕竟剧本是用来演的。

8 抒情作品:声情并茂地朗读

抒情作品抒发的是个人在某一时期的情感。相对于静默式阅读,能高声朗读出来,更有助于与作品的情感产生共鸣,也更能够理解作者的写作动机。当然，什么时间开始朗读不能是盲目的，阅读伊始？几遍之后？可以根据自己的感觉，并没有确定的规则。下面，我们给出阅读抒情作品的基本流程，仅供参考（见图附8-1）：

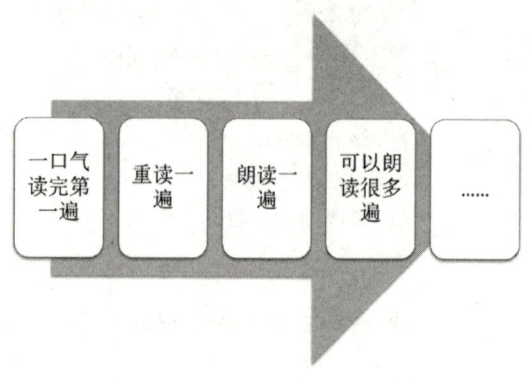

图附 8-1　阅读抒情作品的流程

阅读抒情作品时，不必去过多了解作者和历史背景，了解一首诗最好的方式就是一遍一遍地去读它。当你发现自己的情绪、神态、动作，都发生了些许变化时，那么你可能已经体会到了抒情作品呈现的美。

9 商业书：试一试"黑体字读书法"

优质的商业书籍都有一个特性，就是在文章中用黑体字将着重表达的地方标注出来，这也是很多商业书籍作者的写作习惯。因此，根据黑体字这一标记，就能轻松读完比较难懂的商业书籍。

但是，因为"黑体字"只标注关键语句，所以这种阅读方式只是略读技法。为了更好地配合阅读，还是要掌握一些诀窍的（见图附9-1）。

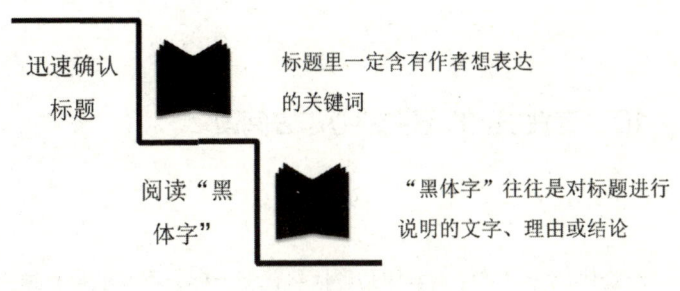

图附9-1 "黑体字阅读"的诀窍

即"标题"与"黑体字"构成了因果关系。结合一本书的写作形式，是大章——小节——正文的模式，每一个大章标题、小节标

题都应去确认，就形成了如下的循环阅读方式（见图附9-2）

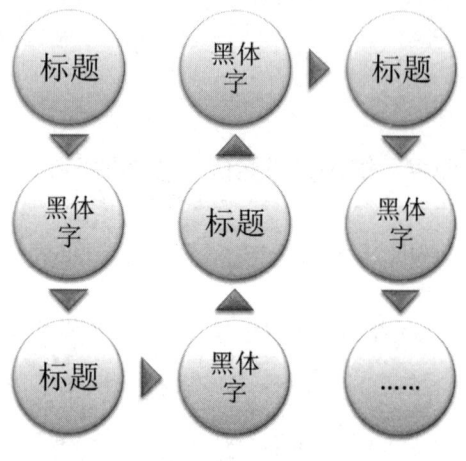

图附 9-2　"标题"与"黑体字"的循环阅读

10　专业书：以研究的心态去阅读

一些伟大的科学经典著作和现代科普书一样，都是值得普通人阅读的。当然，阅读它们一定要付出更多的努力，但这种付出是值得的，因为这是提高理解和思考能力的最好方法之一。

对于专业类的阅读，要比阅读其他类书籍更主动，更全神贯注，为了能有效地阅读下去，不能再采取一口气阅读到底的做法了，那样是没有意义的。最好的方法是拿出纸和笔，一边阅读一边在书上的关键之处做出标记，还可以做一些简单的笔记。也可以和其他人在一起共同阅读，方便进行探讨。阅读专业类书籍的方法有很多，我们列举出几个（见图附10-1）：

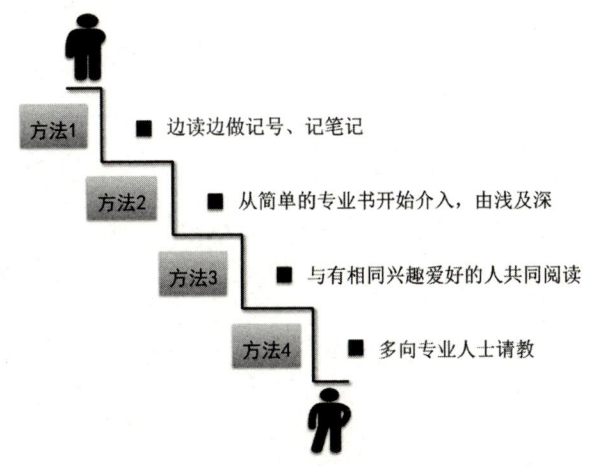

图附 10-1　阅读专业类书籍

有一点需要注意：在阅读时必须要明白基本的术语和符号，作者会在它们刚出现时进行简单解释。搞清楚它们的含义，然后理解并顺着作者的思路阅读，一步一步地读懂一本专业书是不会有太大困难的。